普通高等教育"十一五"国家级规划教材

房地产开发经营与管理

何　红　主编
戚瑞双　副主编

高等教育出版社

内容提要

本书是普通高等教育“十一五”国家级规划教材，是高职高专房地产与物业管理专业系列教材之一。

本书内容包括房地产开发经营与管理基础知识、房地产市场及其运行规律、房地产开发项目的前期工作、资金的时间价值分析、房地产项目财务评价与投资风险分析、房地产开发项目管理、房地产开发项目市场营销、物业管理。本书集知识、原理、操作技能于一体，内容比较全面且操作性强，各章均附有习题，适合课堂教学和实际应用。

本书可作为高职高专物业管理专业、房地产专业学生学习之用，也可作为相关经济管理专业学生的参考教材及从事房地产开发与投资的在职人员自学和培训的参考用书。

图书在版编目(CIP)数据

房地产开发经营与管理/何红主编．—北京：高等教育出版社，2009.9（2015.8 重印）
ISBN 978-7-04-027635-0
Ⅰ.房… Ⅱ.何… Ⅲ.①房地产-开发-高等学校：技术学校-教材②房地产-经济管理-高等学校：技术学校-教材 Ⅳ.F293.3

中国版本图书馆 CIP 数据核字(2009)第 130930 号

策划编辑 张骁军　责任编辑 杨成俊　封面设计 于 涛　责任绘图 宗小梅
版式设计 陆瑞红　责任校对 胡晓琪　责任印制 刘思涵

出版发行 高等教育出版社
社　　址 北京市西城区德外大街 4 号
邮政编码 100120
印　　刷 北京明月印务有限责任公司
开　　本 787×1092 1/16
印　　张 10.25
字　　数 240 000
购书热线 010-58581118
咨询电话 400-810-0598
网　　址 http://www.hep.edu.cn
　　　　 http://www.hep.com.cn
网上订购 http://www.landraco.com
　　　　 http://www.landraco.com.cn
版　　次 2009 年 9 月第 1 版
印　　次 2015 年 8 月第 6 次印刷
定　　价 16.80 元

本书如有缺页、倒页、脱页等质量问题，请到所购图书销售部门联系调换

物 料 号 27635-00

前　言

当前房地产市场迅速发展，并走向成熟，房地产行业已成为市场经济不可或缺的支柱性产业。高职高专房地产经纪与估价助理人员的培养已形成一种行业需求。本书正是针对这一人才层次编写的。本书介绍了房地产开发经营与管理的基础知识。本书在基本知识、基本技能的必要掌握上作出了明确说明，在写作体例上也有一些新的尝试，各章均设有本章学习目标、技能点、知识点和掌握点。书中“技能点”明确具体，“本章学习目标”清晰，“知识点”通俗易懂，“掌握点”言简意赅。本书适合高职高专房地产与物业管理专业学生对房地产开发经营与管理的初次学习。

本书由北京电子科技职业学院何红担任主编，戚瑞双担任副主编。主要编写分工如下：第一章由山东商业职业技术学院崔发强编写，第三章由北京电子科技职业学院戚瑞双编写，第二、四章由北京电子科技职业学院何红编写，第五章由中博华会计师事务所汤建国编写，第六章由北京农业职业学院王锐编写，第七章由中华女子学院李爽编写。何红对全书进行了修订、总纂并定稿。

全书由中联资产评估有限公司高忻博士和北京电子科技职业学院韩志伟教授担任主审，对此表示衷心感谢。

本书在编写过程中参阅了大量中外文献，在此对有关作者表示衷心感谢。由于编者的学识及理论水平有限，书中难免有不当与疏漏之处，望广大师生、各类读者批评指正。

编　者

2009年5月

目　录

第一章　房地产开发经营与管理基础知识

本章学习目标：

对房地产、房地产业、房地产开发经营与管理有基本正确的认知。对房地产特性、房地产业的地位作用及房地产开发经营与管理企业有较清晰的了解与判断。

技能点：

1. 对房地产具体形态的准确判断；
2. 房产和地产及其相互关系；
3. 房地产行业的产业流程；
4. 房地产经营流程。

知识点：

1. 房地产、房地产类别和特性；
2. 房地产行业及其类别；
3. 房地产开发与经营的基本概念；
4. 我国房地产行业的发展；
5. 我国房地产业现状。

掌握点：

1. 房地产特性的一般分析；
2. 对房地产业的地位与作用的准确认识；
3. 房地产开发的含义、特性、形式和主体；
4. 房地产开发经营与管理的特点。

第一节　房地产的基本概念

一、房地产的概念及相关认识

房地产是房产和地产的总称。由于房屋与土地有着不可分割的关系，而且任何房屋都是土地的附着物，因此通常把房产和地产合称为房地产，把经营房产和地产业务的行业合称为房地产业。

（一）房地产

房地产是土地和附着于之上的建筑物的合称。它是人类财产的一种类型，是以建筑物和土地的物质形态存在为前提的财产形态，也是土地和附着于土地之上的建筑物所构成的物质形态在经济上的体现，是建筑物与土地的经济形态。

（二）土地

土地一般是指地面、地面以上和地面以下一定的空间范围。一般概念上的土地是连续不断的，没有范围之分。现实生活中的土地是一块具有特定面积范围的地域，这块地域是人为划分的。即使拥有一块土地的使用权和经营权仍要受许多方面的限制，如城市规划了一块土地的用途，同时也对建筑物的高度、容积率，对土地的使用权作了规定。这些规定和限制在不同的地区和不同国家是不同的，比如西方国家一般实行土地私有制，私人可以拥有土地，而在我国就实行公有制。《中华人民共和国宪法》第十条规定："城市土地属于国家所有。农村和城市郊区土地，除由法律规定属于国家所有的以外，属于集体所有；宅基地、自留地和自留山，也属于集体所有。国家为了公共利益的需要，可以依照法律规定对土地实行征收或者征用并给予补偿。任何集体或者个人不得侵占、买卖或者以其他形式非法转让土地。土地的使用权可以依照法律的规定转让。一切使用土地的组织和个人必须合理地利用土地。"在不同的土地制度下，与土地有关的各种权利、义务是有很大的差别的。

（三）建筑物

建筑物是房屋与构筑物的总称，是指为了满足人们需要，运用物质技术手段，在科学规律和美学法则的支配下，通过对空间的限定、组织而创造的人为的空间场所。狭隘的建筑物是指房屋。构筑物是指人们不直接在内进行生产和生活的建筑，如水塔等。认识建筑物的构成对经营和管理房地产是十分必要的。

合格建筑物的标准是适用、经济、美观。适用即建筑物安全防水、隔声、保温隔热、采光功能齐全和空间格局合理。经济的基本要求是不仅一次购置的价格不高，而且在未来使用过程中所支付的费用，包括维修保养费、耗能等也不高。美观的基本要求是建筑造型和色彩有美感，特别是在外观方面不能使人产生不好的联想。建筑物本身还应有自己的风格，并与周围的环境相协调。

由此可见，合格是一个综合的标准，在设计、建设和评价等环节对上述因素都应综合考虑。

（四）物业

物业一词由英语 estate 或 proprety 翻译而来，含义为财产、资产、拥有物、房地产等。这是一个广义的范畴，广义的房地产就是物业。但在我国物业一般是指其狭义的含义，即指各类房屋及其附属设备设施及相关场地。同时，物业也是单元房地产的称谓。同一宗地，往往属于一个或多个产权所有者。

可以按照不同的标准对物业进行分类。按照使用性质的不同，物业可以分为商业物业、居住物业、工业物业和特殊物业；按照所有权性质的不同，物业可以分为公共物业和非公共物业；按照占有形式的不同，物业可以分为自用物业和出租物业。

二、房地产的特性

（一）不可移动性

房地产一个最重要的特点是位置的固定性或不可移动性。由于不可移动性，每宗房地产的温度、湿度、日照、交通、周围环境、景观、与市中心的距离等均有一定的状态，从而形成了每宗房地产独有的自然地理位置和社会经济位置，使房地产有位置优劣之分。值得注意的市房地产的自然地理位置虽然固定不变，但其社会经济位置却是可以发生变化的。因为周围环境、交通条件、市场位置等可能发生变化，这些均可以影响房地产的社会经济位置。

房地产的不可移动性，决定了任何一宗房地产只能就地开发、利用或消费，而且要受制于其所在的空间环境，不像其他商品，不能把它从不景气的城市市场移动到另一个景气的城市市场。所以，房地产市场不存在全国性市场，更不存在全球性市场，而是一个地区性市场，其供求状况、价格水平和价格走势等都是当地的，在不同地区之间各不相同。

（二）独一无二性

房地产不像其他产品一样整齐划一，可以说没有两宗房地产是完全相同的。即使两处的建筑物一模一样，但由于坐落的位置不同，周围环境不同，这两宗房地产实质上是不相同的。房地产的独一无二性，使得房地产之间不能实现完全替代，从而房地产市场不能实现完全竞争。

（三）不可灭失性

土地可以被洪水淹没、沙漠化，但它在地球表面所标明的场所、空间位置是永存的。相对而言，房地产是坚不可摧、不可灭失的。

（四）数量有限性

土地是大自然的产物，不能被人工生产出来。土地总量不仅有限，而且不能增加。房地产这种数量的有限性，使得房地产具有独占性。一定位置，特别是好位置的房地产被人占用之后，则占用者可以获得生活或工作场所，并享受特定的光、热、空气、雨水和风景，还可以支配相关的自然资源和生产力。

（五）用途多样性

土地就其本身来看，可以为多种不同的用途所使用，如用于商业、办公、居住、工业、道路、农业、林业、放牧等。在不同用途中可以选择不用的利用方式，如居住用途有别墅、公寓和普通住宅等。房地产由于具有用途多样性，使得同一宗房地产的利用在不同用途及利用方式之间出现了竞争和优选的问题。在市场经济条件下，房地产拥有者都趋向于将房地产用于预期可以获得最高收益的用途。从经济的角度来看，土地利用的一般顺序是：商业、办公、居住、工业、耕地、牧场、放牧地、森林、不毛荒地。

（六）相互影响性

房地产的价值不仅与其本身的状况有直接关系，还取决于周围其他房地产的状况，受临近房地产用途和开发利用的影响。

（七）易受限制性

政府对房地产的限制一般通过下列四种特权来实现：

1. 警察权

政府为增进公众安全、健康、道德和一般福利，可以直接限制某些房地产的使用，如通过城市规划对土地用途、建筑高度、容积率、建筑密度和绿地率等作出规定。

2. 征用权

政府为了社会公共利益的需要，如修公路、建学校等，可以强行征用单位和个人的房地产，即使违反这些被征用人的意图，但要给予补偿。

3. 征税权

政府为了提高财政收入，可以对房地产征税或提高房地产税收，只要这些税收是公平课征的。

4. 允公权

政府可以在房地产业主死亡或消失而无继承人或亲属的情况下，无偿收回房地产。

此外，房地产由于不可搬走，也不可隐藏，因此逃避不了未来制度、政策变化的影响。这一点即说明了房地产投资的风险性，也说明了政府制定长远房地产政策的重要性。

（八）难以变现性

房地产由于价值高大，加上不可移动性和独一无二性，使得同一宗房地产的买卖不频繁，一旦需要买卖，要花费相当长的时间来寻找合适的买者和进行讨价还价。所以，当急需资金或有其他急需时，不易将房地产变成现款；如果快速变现，只有相当幅度的降价。

（九）保值增值性

影响房地产价格上升的原因主要有四个方面：

（1）对房地产本身进行的投资改良，如装修改造、更新或添置设备、改进物业管理；

（2）通货膨胀；

（3）需求增加导致稀缺性增加，如人口或收入增加；

（4）外部经济或相互影响，如交通条件或周围环境改善。

从我国住宅市场价格的变化情况来分析，在过去几年中住宅价格的年平均增长幅度超过了同期通货膨胀率15%的平均水平。美国、英国和中国香港地区的研究资料表明，房地产价格的年平均上涨率大约是同期年通货膨胀率的两倍。

三、房地产的分类

（一）按开发程度来划分

房地产按开发程度来划分，主要分成以下几类：

1. 生地

生地是指不具有城市基础设施的土地，如荒地、农地。

2. 毛地

毛地是指具有一定城市基础设施，但地上有待拆迁房屋的土地。

3. 熟地

熟地是指具有完善的城市基础设施、土地平整，能直接在其上进行房屋建设的土地。

4. 在建工程

在建工程是指地上建筑物已开始建设但尚未建成，不具备使用条件的房地产。该房地产不一定正在建设，也可能停工了多年。

5. 现房

现房（含土地）是指地上建筑物已建成，可直接使用的房地产。它可能是新的，也可能是旧的。

（二）按用途来划分

房地产按用途来划分，主要分为下列十类：

1. 居住房地产

居住房地产包括普通住宅、高档公寓、别墅等。

2. 商业房地产

商业房地产包括百货商场、购物中心、商业店铺、超级市场、批发市场等。

3. 办公房地产

办公房地产包括商务办公楼（写字楼）、政府办公楼等。

4. 旅馆房地产

旅馆房地产包括饭店、酒店、宾馆、旅店、招待所、度假村等。

5. 餐饮房地产

餐饮房地产包括酒楼、美食城、餐馆、快餐店等。

6. 娱乐房地产

娱乐房地产包括游乐场、娱乐城、康乐中心、俱乐部、夜总会、影剧院、高尔夫球场等。

7. 工业和仓储房地产

工业和仓储房地产包括工业厂房、仓库等。

8. 农业房地产

农业房地产包括农地、农场、林场、牧地、果园等。

9. 特殊用途房地产

特殊用途房地产包括车站、机场、医院、学校、教堂、寺院、墓地等。

10. 综合房地产

综合房地产是指具有两种或两种以上用途的房地产。

（三）按是否产生收益来划分

房地产按其是否产生收益来划分，主要分为下列两类：

1. 收益性房地产

收益性房地产是指能直接产生租赁或者其他经济收益的房地产，包括商店、商务办公楼、公寓、旅馆、餐馆、影剧院、游乐场、加油站、厂房、农地等。

2. 非收益性房地产

非收益性房地产是指不能直接产生经济收益的房地产，如私人宅邸、未开发的土地、政府办公楼、教堂、寺院等。

收益性房地产与非收益性房地产的划分，不是看它们目前是否在直接产生经济效益，而是看这种类型的房地产在本质上是否具有直接产生经济收益的能力。

（四）按经营使用方式来划分

房地产按其经营使用方式来划分，主要分为下列四类：

1. 出售型房地产

出售型房地产是指建造此类房地产的目的在于将其用于售卖，如住宅出售等。

2. 出租型房地产

出租型房地产是指建造此类房地产的目的在于将其用于出租经营，以此获得租金收入，如写字楼出租经营等。

3. 营业型房地产

营业型房地产是指建造此类房地产的目的在于将其用于自主经营，获得经营利润，如商场、饭店经营等。

4. 自用型房地产

自用型房地产是指建造此类房地产的目的在于将其用于生产或工作的要素投入，将其转化为生产成本或投入的费用，如工业厂房、公司用房、学校等。

（五）按开发投资的工程用途来划分。

房地产按开发投资的工程用途来划分，主要分为下列四类：

1. 住宅

住宅是指专供居住的房屋，包括别墅、公寓、职工家属宿舍和集体宿舍（包括职工单身宿舍和学生宿舍）等，但不包括住宅楼中作为人防用、不住人的地下室等。

2. 办公楼

办公楼主要是指用于办公的各种写字楼，即企业、事业、机关、团体、学校、医院等单位使用的各类办公用房（又称写字楼）。

3. 商业营业用房

商业营业用房是指商业、粮食、供销、饮食服务业等部门对外营业的用房，如度假村、饭店、商店、门市部、粮店、书店、供销店、饮食店、菜店、加油站、日杂等房屋。

4. 其他房地产

其他房地产是指其他不属于上述各项用途的房屋建筑物，如中小学教学用房、托儿所、幼儿园、图书馆、体育馆等。

（六）按住宅供给的对象分类

按住宅供给的对象，可将住宅分为廉租房、经济适用房、商品房。

1. 经济适用房

经济适用房是指根据国家经济适用房计划安排建设的住宅。由国家统一下达计划，用地一般实行行政划拨的方式，免收土地出让金，对各种经批准的收费实行减半征收；出售价格实行政府指导价，按保本微利的原则确定。

2. 廉租房

廉租住房是指政府和单位在住房领域实施社会保障职能，向具有城镇常住居民户口的最低收入家庭提供的租金相对低廉的普通住房。廉租住房可以从腾退的旧公有住房中调剂解决，也可以由政府或单位出资兴建。

3. 商品房

商品房是指由房地产开发企业开发建设并出售、出租的房屋。我国近年来出现的两限房是商品房的一种。两限房全称为限房价、限套型普通商品住房，也被称为“两限”商品住房。两限房指经城市人民政府批准，在限套型比例、限定销售价格的基础上，以竞地价、竞房价的方式，招标确定住宅项目开发建设单位，由中标单位按照约定标准建设，按照约定价位面向符合条件的居民销售的中低价位、中小套型普通商品住房。

四、房产和地产的相互关系

(一) 房产与地产的区别

地产可以独立存在,而房产不可以。地产是独立的物体,而且是永久的,而房屋不能没有依托,没有土地,房屋就不存在。所以,世界上的房地产没有脱离土地房地产。

地产具有双重性,它不仅是一种财产或资产,还是一种重要的自然资源。而房产只是一种财产,不具有自然资源的特性。

地产具有稀缺性和永续利用性,会因供求而不断增值,而房产存在着更新和重置的问题,会因房屋的不断折旧而减值。

(二) 房产与地产的联系

在物质形态上,房产与地产连接为一体而不可分离。因为,任何建筑物都必须以土地为依托。目前为止,还没有出现离开土地的建筑物。

从价值形态来说,房价和地价总是结合在一起的。在市场经济的条件下,房产与地产的价值总是结合在一起计算的。房租中包含地租,房价中包含地价。

从房地产交易来看,任何形式的房产交易,都伴随着土地使用权的转移,即完成房产交易的同时也完成了地产的交易。

从房地产经营管理角度分析,二者也是紧密结合的。房产产权的确认均以土地所有权或使用权的确认为前提。房产经营必然包含地产经营。房产的管理必然伴随着地产的管理。

五、房地产产权

(一) 房地产产权的概念

房地产产权是房地产经济运行过程中以房地产财产为客体的各种权利的总和,是房地产经济关系特别是房地产所有制关系的法律表现。

房地产产权可以分割、分解、复合,而且会随着科学技术的进步、供求关系的变化不断形成新的产权权能,包括结构的重组。

房地产产权在市场上可以按商品竞争原则进行交易、流转。房地产产权需人格化,并有相关法律、法规的界定、规范、确认和保障。

(二) 房地产产权的基本内容

房地产产权有狭义和广义之分。狭义的房地产产权是指房地产产权所有人依法对土地及其他地上或地下的建筑物、其他附属物拥有占有、使用、收益和处分的权利。广义的房地产权包括房地产所有权、房地产占有权、房地产使用权、房地产收益权、房地产处分权、房地产售卖权、房地产租赁权、房地产抵押权、房地产典当权、房地产留置权、房地产赠与权、房地产继承权等。

第二节 房地产业的基本认知

一、房地产业的基本概念

房地产业是从事房地产投资、开发、经营、管理和服务的行业。房地产业在我国是一个新兴产业，在国民经济发展中起着非常重要的作用，具有投资、开发、经营和服务的职能。房地产业的活动领域主要包括以下方面：

(1) 国有土地使用权的出让。

(2) 房地产的开发和再开发。包括土地征用、拆迁安置、委托规划设计、组织开发建设，以及对旧城区土地的再开发。

(3) 地产经营。包括土地使用权转让、租赁和抵押。

(4) 房产经营。包括房产的买卖、租赁和抵押等。

(5) 房地产金融。包括信贷、保险和房地产投资等。

(6) 房地产中介服务。包括房地产咨询、估价、法律服务和公证等。

(7) 物业管理。主要包括房屋及公共设施、设备的保养、维修，并为使用者提供安全、卫生以及优美的环境。

(8) 房地产市场的调控和管理。即建立房地产市场、资金市场、技术市场、劳务市场、信息市场，制定合理的房地产价格，建立和健全房地产法规，以实现国家对房地产市场的宏观调控。

二、房地产业与建筑业

房地产业在我国是一门新兴产业，它和我国国民经济中的产业部门都有着比较密切的联系，尤其是和建筑业的关系非常密切。它们的相同特点是在经营的物质对象中都包括房屋等建筑产品，但从行业职能和经营方式上，它们又有着本质的区别。

建筑业是完全的物质生产部门，从事各类房屋建筑物的建造、改造和各种设备的安装工作，其基本职能是为生产、流通、管理单位和广大居民提供各种各样的房屋建筑物。而房地产业则是组织房地产开发，为房地产流通和消费提供服务的产业部门，具有开发、经营、服务等多种功能。

房地产业的基本职能是根据城市规划要求，组织对零星和成片土地的开发和基础设施的建设，为房屋建筑提供合适的建筑地段；根据生产需要组织对房屋的开发、建设，并采取出售、租赁、信托等多种经营方式，为房地产流通服务；同时，还为房屋的消费、装饰等提供服务。在日常生产中，房地产业和建筑业往往形成承包发的协作关系。

三、房地产行业的地位与作用

房地产行业作为经济发展的先导型产业，在国民经济中占有重要的地位，任何行业的发展都离不开房地产业，而任何行业都拥有一定的房地产，在某种程度上都是房地产业经济活动的参与者。所以说，房地产业对发展国民经济和改善人民生活起着十分重要的作用。其作用具体包括以下几个方面：

(一) 房地产业是国民经济的支柱性产业，是其他产业发展的基础和前提条件

房地产业作为国民经济发展的重要产业之一，积累着大量的物质财富。据测算，目前，我国城镇房地产价值约 6 万亿元人民币，这一大笔巨额财富，将对国民经济的发展和人民生活水平的提高起到巨大的推动作用。在国民经济发展中，能源、交通和工商业等产业的发展都必须以房地产业为基础，没有房地产业为其生产经营活动提供基础性物质资料，这些产业根本就无法存在。所以说，房地产业的发展是国民经济其他产业发展的基础和前提条件。

（二）房地产业具有城市的经济特征，集中了各种不同的经济活动

生产和流通领域的经济活动都必须以房地产为基本的生产资料。房地产业不但为城建、工商、服务业等从事生产活动提供基本的物质资料，还为城市居民提供必要的生活资料。从房地产为城市组织生产和流通等经济活动提供物质基础来看，房地产业的发展是城市经济发展的基础和前提条件。另外，通过房地产业的发展，还可以促进旧城区的改造，完善城市功能。房地产业的发展，对于改善居民居住条件、拉动经济增长、扩大就业以及加快城市建设都发挥了重要作用。

（三）房地产业的发展能带动其他相关产业的发展

房地产业与许多产业部门都存在着比较密切的关系，房地产业的振兴和发展，势必将推动其他相关产业的发展。首先，房地产业的发展带动了建筑业的发展。其次，房地产业的发展，将推动建材行业、建筑设备行业、建筑机械工业和冶金、化工、机械、仪表等产业的发展。再次，房地产业的发展还能有效地促进交通运输、通信邮电、商业服务和金融保险等行业的发展。

（四）房地产业的发展，有利于调整消费结构，提高城市居民居住水平和生活质量

长期以来，我国一直采取福利分配住房和低房租政策，人们居住消费水平一直处于较低水平，据有关资料显示，我国居民住宅消费只占家庭收入的1.5%～3%。随着我国住房制度改革的进一步深化和人民生活水平的提高，人们对住房的质量要求日益提高。大力发展房地产业，将有利于人们改善居住条件，创造安逸的生活环境和良好的学习环境，提供优美的文化娱乐场所。

四、中国房地产业的发展历程

（一）中国房地产业的萌生

1978年12月党的第十一届三中全会确立了以经济建设为中心，中国开始进入改革开放新的历史时期。

1979年以后，深圳等经济特区的建立和沿海城市的开放，中国国民经济大踏步进入国际市场。1980年12月，深圳市房地产公司与香港中央建业有限公司签订了第一个客商独资营建商住大厦协议，开创了国有土地有偿使用的先河。之后，许多沿海城市、地区凭借区位优势和发达的经济、技术条件，引进外资发展房地产，出现了将开发的土地转让给外资企业，将房屋出售、出租给外资企业，中外双方合作开发土地，中方以土地使用权入股合资经营等形式，进行土地有偿使用和发展房地产的试验和尝试。

1984年，国家计委和建设部联合发布的《城市建设综合开发公司暂行办法》规定，建立房地产开发公司，“经营城市土地开发和房地产业务”。“开发公司要按照城市建设总体规划，制定开发区的具体规划，搞好市政、公用、动力、通信等基础工程和相应配套设施的建设。然后将经过开发的地皮（土地所有权仍归国家）有偿转让给其他单位建设工程项目，也可以直接组织建设住宅和其他经营性房屋（如贸易中心、综合服务楼、办公楼、仓库、旅馆和公用性质的厂房等）进行出售。开发公司可以承担本城市的开发任务，也可以承担其他城市的开发任务。”这一文件对房地产开发公司的企业性质和经营范围作出了政策性规定。从此，中国房地产业在中国大地上开始了萌生。

（二）中国房地产市场的建立

1987年10月，党的第十三次代表大会《沿着有中国特色的社会主义道路前进》报告提出：“社会主义的市场体系，不仅包括消费品和生产资料等商品市场，而且应当包括资金、劳务、技术、

信息和房地产等生产要素市场。"宣告了中国房地产市场的诞生。1987 年 12 月 1 日，深圳市以拍卖的方式出让了第一块土地，被称为"中国经济体制改革的里程碑"。1988 年 4 月 12 日，全国第七届人大第一次会议删去了《宪法》第十条第四款中不得出租土地的规定，修改为"土地的使用权可以依照法律的规定转让"。1990 年 5 月 19 日，国务院颁布了《中华人民共和国城镇国有土地使用权出让和转让暂行条例》，为土地市场的发育提供了法律支持，土地使用从无偿无限期变为有偿有限期。

（三）中国房地产市场的发展

1992 年，邓小平的南方讲话和十四大作出大关于建立社会主义市场经济体制的决策后，中国的房地产业迎来第一次发展机遇。对房地产发展政策的有限放开和商品房的出现促成了房地产市场的"第一次启动"。然而，这次启动主要是投资推动的，建造的主要房屋是办公楼、高档住宅，一般由集团或少数富人购买，投机成分较大。很快发展过热，受到政府的严格控制。典型的例子是海南房地产市场。

1998 年 6 月，国务院颁布《关于进一步深化城镇住房制度改革，加快住宅建设的通知》，明确提出了停止住房实物分配、实行货币分房的新政策，引发了房地产业的"第二次启动"——对住宅消费市场的启动。由于公房上市，取消福利分房，银行按揭的配合真正启动了消费者的市场，使得中国房地产行业真正开始形成。这一次的启动主要是需求拉动的，普通住宅的投资和消费成为主流，一般的居民是消费主体，也得到政府的大力支持。

这一时期，全国主要城市房地产业发展正在出现三个新的特征：商品房大量积压，空置面积不断上升，然而新开工的面积又不断上升；商品房价格略有上升；房地产建设向城市郊区推进，尤其在大城市。

2003 年 8 月，国务院发布了《关于促进房地产持续健康发展的通知》，通知指出，要完善房地产市场体系，更大程度上发挥市场配置资源的基础作用；坚持以市场需求为向导，政府予以必要的干预，调整供应结构，加强经济适用房的建设和管理，加快普通商品房的发展，提高其在市场供应中的比例，控制高档商品房的建设，使住房价格与大多数居民家庭的住房支付能力能力相适应，满足不同家庭住房的需要；坚持深化改革，不断消除影响居民住房的体制和政策性障碍，加快和完善适合我国国情的保障制度；坚持加强宏观调控。努力实现房地市场总量平衡、结构基本合理、价格基本稳定；健全市场体系，继续推行现有公房出售，完善住房补贴制度，搞活住房二级市场，完善个人住房贷款担保机制，发展住房信贷，强化管理服务，加大住房公积金归集和贷款发放力度，规范发展市场服务；整顿市场秩序，完善市场监管制度，坚持在国家统一政策的指导下，各地区因地制宜，分别决策，并建立健全房地产市场信息系统和预警预报体系，以促进房地产市场持续健康发展，使房地产业的发展与当地经济和社会发展相适应，与相关产业相协调，促进经济社会可持续发展。

五、中国房地产业现状

（一）中国房地产市场的形势与运行

1. 房地产业的改革与转机

在中国的经济体制改革中，房地产业的改革与转轨是起步较晚的。按照社会主义市场经济体制的标准衡量，直到现在也还没有形成完善的房地产市场运行机制。回顾经济体制改革的历程可以发现，1978年党的第十一届三中全会决定了改革开放的政策，给我国房地产业的萌生创造了条件。1978年根据对住房的迫切需要，全国城市住宅建设工作会议提出要"充分调动国家、地方、企业和个人四个方面的积极性，准许私人买房、建房，要使住宅逐步商品化。"虽然这里所涉及的只是住宅建设，但可以认为是最早涉及房地产行业和房地产市场的改革思路。此后，邓小平于1980年4月谈到了城市住房建设的一系列问题。这次谈话后来一直是我国住房体制改革的重要指导思想。在这次谈话中，邓小平同志谈到了城市住宅建设问题(包括合作建房问题)、新建住房与老房的出售问题、联系房屋售价调整房租问题、不同地段的级差地租问题、与提租并行的补贴问题等，对每一方面都提出了改革性的思路。

2. 房地产的不动产性质与市场垄断

由于房地产是不能移动的产品，所以它只能和相邻的产品竞争。这样开发商就只需关注与其所开发物业相邻地段物业的竞争，而无须过多地关心与其他不相邻地段的物业的竞争，各个相邻地段之间的竞争最终形成环形竞争。

房地产的不能移动特性，使开发商之间的竞争只是相邻企业之间的竞争，极大地限制了实际能发挥作用的竞争者数量，决定了一个地段的房地产项目只有为数不多的几个企业进行竞争。在中国建立市场经济体制的进程中，其他产业较早地形成了比较充分的竞争局面，而且竞争成为价格最重要的决定力量，使产品价格上升较慢甚至有所下降，而房地产业并没有出现这种局面，究其原因，环形竞争特点及此竞争条件下的寡占可能是最为重要的决定因素之一。

3. 房地产业市场特点对房价的影响

房地产业界普遍宣称，中国房地产业的暴利时代已经成为过去，已进入微利时代。那么怎么解释这样一种现象：在发达国家，能进入排行榜的富豪主要产生于零售行业及高技术行业，因为前者市场容量大，后者附加值高；而在中国目前阶段，进入排行榜的富豪却多产生于房地产业。由此可见，如果中国的房地产业现在已不再是暴利行业了的话，那么起码仍是一个高利行业。

4. 政府管制对市场运行的影响

随着市场化改革的深化和市场经济体制的确立，中国政府对房地产市场的管制也发生了从排斥和取代市场向弥补市场失灵的转变，管制的方式也在趋向于公平合理。但由于改革的探索性和渐进性，直到目前为止仍带有明显的利益集团影响因素，管制绩效也有待进一步提高。主要表现为：

(1) 住房供应体系管制抑制了房地产市场发育。

(2) 土地许可证制限制了房地产市场公平竞争。

(3) "实物地租"制约房地产业规范运行。

(二) 房地产开发投、融资现状

随着我国住房制度的改革，我国的房地产业逐步形成和发展，投资逐年增大，从1993年的1 937.5亿元，增长到2003年的10 106.1亿元，10年间增长了4.2倍，平均每年增长17.96%，尽管比同期我国全社会固定资产投资增长率还低约1.5个百分点，但是却远远超过了同期我国GDP的增长速度。对于一个新兴的产业来说，其发展是非常顺利的。尤其是近几年，房地产投资的增长速度已经超过了全社会固定资产投资的增长速度，为房地产业的发展注入了强大的动力。

房地产业属于国民经济的先导型产业，对其他经济部门具有带动作用。房地产业的增长可以拉动整个国民经济的发展。2003年房地产开发投资10 106亿元，比2002年增长29.7%，高于同期固定资产投资增幅(26.7%)3个百分点，占同期固定资产18.3%。国家统计局“2003年国民经济和社会发展统计公报”显示：房地产业对全国GDP的直接贡献率和间接贡献率约为15%，带动一大批关联产业发展，初步成为国民经济的支柱产业。

(三) 房地产土地市场与管理现状

1. 土地市场建设

中国的土地市场近年来取得了不小的成绩，各项制度逐步建立和完善，市场秩序得到彻底清理整顿，市场公开交易逐步稳健推行。早在2001年4月国务院发布了《国务院关于加强国有土地资产管理的通知》(15号文件)，通知规定土地市场要建立六项基本制度，即城市建设用地统一供应制度、建设用地总量控制制度、土地使用权入市交易制度、基准地价更新和公布制度、土地登记公开查询制度和集体决策内部会审制度。经过两年多的稳步推行，至2003年底绝大多数省市已经基本建立起了六项基本制度。继2002年国土资源部发布《招标拍卖挂牌出让国有土地使用权规定》(2002国土资源部11号令)之后，建立和规范土地有形市场，推行国有土地使用权招标、拍卖和挂牌交易，成为各地土地使用制度改革的重要目标。从2003年初开始，国务院开展了土地市场秩序治理整顿工作，国务院多次对治理整顿工作下文，总理亲自作出批示，治理整顿工作得到了各地的高度重视，土地市场制度建设取得了显著成效。

2. 土地储备

我国第一家土地储备机构于1996年8月成立于上海市，1997年8月杭州土地储备制度开始启动，1999年6月国土资源部以内部通报形式转发《杭州市土地储备实施办法》和《青岛市人民政府关于建立土地储备制度的通知》，并向全国推广杭州、青岛两市开展土地储备的经验。国务院15号文件明确要求“有条件的地方政府试行收购储备制度”。目前，全国各地已经普遍建立了土地储备制度。各地在建立土地储备制度的同时，颁布了专门的土地储备管理规章，其中很多规章是以政府令的形式颁布的。

土地储备需要大量的资金，各地土地储备机构的资金来源除了注册资金之外，主要是银行贷款。由于土地储备属于政府行为，而且土地储备升值空间大，土地储备贷款风险较小且利润大，银行争先抢夺这块蛋糕。因此，储备机构从来不用担心资金来源。但是在2003年土地储备机构第一次遇到了资金来源问题。为了防范金融风险，促进房地产金融健康发展，中国人民银行于6月份制定了《关于进一步加强房地产信贷业务管理的通知》(银发[2003]121号文件)，其中第二条提出“严格控制土地储备贷款的发放，各商业银行应规范对政府土地储备机构贷款的管理，在《土地储备机构贷款管理办法》颁布前，审慎发放此类贷款。对土地储备机构发放的贷款为抵押贷款，贷款额度不得超过所收购土地评估价值的70%，贷款期限最长不得超过2年。”对于一些已经取得了大量银行贷款的储备机构来说，央行通知影响并不大。但对一些新成立的或是区县一级的储备机构影响就很大了。在银发[2003]121号文件下发后，一些土地储备机构开始探求融资新渠道，如土地债券、土地基金、土地信托等金融工具。土地储备资金渠道多元化将成为今后的发展方向。

第三节　房地产开发、经营及管理

一、房地产开发

房地产开发经营与管理是房地产经济活动中相对独立又相互关联的内容。在我国《城市房地产开发经营管理条例》中，将房地产开发和经营定义为房地产开发企业在城市规划区内国有土地上进行基础设施建设、房屋建设，并转让房地产开发项目或者销售、出租商品房的行为。通常我们把其中的基础设施建设、房屋建设归于房地产开发；将转让房地产开发项目，或销售、出租商品房的行为归于房地产经营；而将房地产开发项目自立项、建设、售后服务直至房地产项目终生的运行纳入房地产管理。此外，随着我国房地产业的发展和深化，物业管理也成为房地产经济运作过程中的重要经营管理活动。

（一）房地产开发的含义

房地产开发是房地产业中的物质生产过程，是房地产业中最基本、最主要的经济活动内容。简单地讲，房地产开发就是通过对土地、建筑材料、劳动力、资金和专业人员经验等多种资源的组合使用而为人类提供工作、生活空间的一种活动。广义上的房地产开发跨越生产和流通两个领域，其活动内容包括规划设计、征地拆迁、土地开发、各类房屋建造、工程验收、经营销售、交付使用、售后管理和维修服务等。狭义上的房地产开发是指具有开发资质的房地产开发企业对房地产项目进行投资、建设和管理，形成房地产产品的物质生产过程。

（二）房地产开发的特征

1. 综合性

这是房地产开发最本质的特征。房地产开发要求在开发过程中不仅要对建筑地块或房屋进行有目的的建设，而且要对被开发地区的一些必要公用设施、公共建筑进行统一规划，协调建设。尤其是住宅开发，更要以综合的思想来对居住用房、服务用房、文教卫生用房、福利及娱乐设施用房等实行配套建设。另外，房地产开发过程中涉及的部门与关系很多，不仅涉及规划、设计、施工、供电、供水、电信、交通、教育、卫生、消防、环境和园林等部门，而且还通过征地、拆迁、安置等工作与居民的生活发生密切联系。

2. 长期性

房地产从开发投资到资本回收，从破土动工到形成产品，需要经过准备、施工、管理等几个阶段的工作，尤其在施工阶段，要投入很大的人力、物力和财力。一般来说，普通的开发项目需要2～3年的时间，规模较大的则要5～6年的时间。

3. 地域性

房地产是不可转移的，所以在房地产的建设过程中带有强烈的地域性特征，房地产的开发也受地域的限制。

4. 风险性

房地产开发需要巨大的资金，而且由于开发周期长，很多因素可能发生变化，会给开发项目带一定的风险。房地产这种商品有很强的刚性，在相当长的时间内几乎没有重建的可能性。所以，项目一旦失败，开发商将蒙受巨大损失。此外，房地产开发受宏观经济形势和经济政策的影响较大，还存在一定的政治风险。因此，房地产开发是一项高风险的投资。

（三）房地产开发的形式

1. 按开发对象划分

（1）土地开发。是指房地产开发企业在获得土地使用权以后，对土地进行平整和基础设施的建设，通常要进行三通一平或七通一平等开发建设，使之达到一定建设利用条件，然后将土地使用权转让给其他的房地产开发企业进行房屋建设的一种形式。

(2) 房屋开发。是指房地产开发企业以一定的方式获得具备建设条件的土地使用权后，按照规划要求，建设各类的房地产，然后进行房屋出售或出租的一种形式。

(3) 综合开发。是指将土地、房屋和有关市政、攻坚配套设施结合起来进行开发建设的建设的形式。

2. 按开发规模划分

(1) 单项开发。是指规模小、占地少、功能比较单一的开发形式。单项开发在国内房地产是比较常见的，它往往是新区总体开发或老城区开发中的一个相对独立的项目。例如，单项开发房地产只负责建一两栋房屋出售，不负责小区配套设施的建设。

(2) 成片开发。是指开发规模大、占地多、功能比较齐全，无论是在新区还是在老区改造中都表现成成街或成片建设多个工程项目，是一种投资额高、建设周期长的综合性开发。

(四) 房地产开发的主要参与者

房地产开发是一项庞大的系统工作，尽管从策划到建成出售都是房地产开发企业组织的，但这个过程中并非由房地产开发企业独自完成，还必须有其他的参与者。

1. 房地产开发企业

房地产开发企业（也称房地产开发商）是房地产开发的首要参与者，是开发项目的设想者和组织者，需要具备多方面的素质，如敏锐的市场分析和判断能力、优秀的组织能力。

2. 政府有关部门

政府有关部门主要是以法规、政策等手段对房地产开发活动进行宏观调控。环保部门、市政部门、文物部门等在一定程度上参与房地产的管理。同时，政府部门有时也可以开发商的身份，进行安居方的建设及其他一些公益项目的开发，主要目的是改善人们生活环境，满足公众的整体需求。

3. 建筑承包商

建筑承包商是房地产开发项目的建设主体。建筑承包商按照合同要求，组织人员、设备、技术进行施工，是建筑产品质量的直接负责人。

4. 金融机构

金融机构是房地产开发项目的重要参与者。由于房地产开发项目投资巨大，资金回收期长，没有金融机构的参与，决大数的房地产项目都无法完成。另外，在房地产交易过长中，还需要金融机构对房地产消费者提供金融支持。

5. 房地产中介服务机构

房地产中介服务机构包括房地产咨询、房地产价格评估、房地产经济等中介机构。房地产咨询机构以房地产知识和技术为基础，对特定信息进行加工，为开发商解决开发过程中的各种技术问题。房地产评估机构按照商品经济的一般规律，分析影响房地产市场价值的各种因素，并以科学的形式反映房地产商品的价值。房地产经济机构是为房地产买卖、交换、租赁等提供信息的中介服务机构。

(五) 房地产开发的基本流程

房地产开发一般分为两大阶段，即开发建设阶段和经营与管理阶段，也可称为上游产业和下游产业。上游产业主要指建筑业，包括机械、钢铁、玻璃、供水、供电、工程设计等行业；下游产业则包括物业管理、酒店、房地产租赁及其他产业。

房地产开发典型的生产循环是指在开发建设阶段的工作流程。一般将房地产开发的基本流程分为四个阶段，即项目立项阶段、项目前期准备阶段、项目建设阶段、项目销售及售后服务阶段。

1. 项目立项阶段

项目立项阶段的开发程序为：投资机会研究→申请项目选址意见书及项目立项批文→申请定点→申请购置土地、办理土地产权手续→申请规划红线图、规划设计条件通知书等文件→申请建设用地规划许可证。

2. 项目前期准备阶段

项目前期准备阶段的开发程序为：选择勘查队伍和设计单位→申请建设工程规划许可证和施工许可证→申请房屋拆迁许可证→做好“七通一平”工作→选择承包单位→选择监理单位。

3. 项目建设阶段

项目建设阶段的开发程序为：组织承包商进场→加强开发项目工程管理与控制→申请商品房预售许可证→项目的竣工验收。

4. 项目销售及售后服务阶段

项目销售及售后服务阶段的开发程序为：办理竣工后的产权登记手续→申请商品房销售许可证→与物业公司签订物业委托管理合同→提交相关资料→与用户签订商品房销售合同或租赁合同→做好物业管理工作。

二、房地产经营

（一）房地产经营的含义

房地产经营是房地产经营者为实现房地产的使用价值和价值进行的一系列有组织的经济活动。城市房地产经营的主体是个种所有制形式的房地产综合开发公司、房地产经营公司及各类房地产中介服务公司等。

房地产经营包括地产经营、房产经营、服务经营和房地产的综合开发经营。

（二）房地产经营的特点

1. 房地产经营过程的复杂性

房地产项目的长期性、投资性、风险性、保值增值性等均导致房地产开发经营活动过程的复杂性。首先，它是一项技术要求比较高的活动，需要多方面的专业人员和工程技术人员。其次，房地产开发的资金要求巨大，开发投资回收周期长，开发投资的高回报和高风险性并存，并具有保值增值性。

2. 地产经营与房产经营密不可分

地产和房产既相互独立又密不可分。相对独立是因为地产经营可以离开房产单独进行，如土地使用权或所有权的交易。密不可分是指房产经营总是与地产经营联合在一起的，不存在没有地产的房产经营。这不仅表现在它们在实物上的自然承载、相互依托，更表现在权属上的依附性，房产和地产不可分割的权属关系不论在任何土地制度下都是成立的；在价格上，房价、房租与地价、地租密相融合，地价、地租是房价、房租的重要组成部分。

3. 房地产经营不是实物的流通，而是房地产权属关系的转移

房地产位置的不可转移性，决定了房地产商品不同于一般商品的一个重要特征就是其交换

的实质是房地产所有权或使用权等权属关系的转移，不发生物质实体的空间转移。

4. 房地产经营受多种因素的影响，对政策影响的敏感性强

房地产项目在开发过程中，受到多种因素的影响，是一项社会活动。房地产项目及房地产开发具有较强的社会外部性，政府基于社会公共利益和城市持续协调发展的需要，会规划城市用地，制定标准。

（三）房地产经营的形式

房地产经营的形式是多种多样的，一般包括：房地产项目的转让、房屋买卖、房屋租赁、房屋交换、房屋抵押、典当等。

三、房地产管理

将房地产开发项目自立项、建设、售后服务直至房地产项目终生的运行纳入房地产管理。此外，随着我国房地产业的发展和深化，物业管理也成为房地产经济运作过程中的重要经营管理活动。

第四节 房地产开发经营与管理企业

房地产开发经营与管理企业是指依法设立、具有企业法人资格的经济实体，是以盈利为目的，从事房地产开发与经营活动的企业法人。房地产开发经营与管理企业是房地产市场的主要角色，房地产开发经营与管理企业在开发、经营活动过程中是否规范有序，直接关系着房地产业的繁荣和健康发展。随着房地产业的迅速发展，我国房地产开发经营与管理企业从无到有，日益壮大，出现了多种类别，主要有房地产开发企业、房地产中介服务机构、物业管理企业、房地产行业协会等。下面主要介绍房地产开发企业和房地产中介服务机构。

一、房地产开发企业

（一）房地产开发企业的分类

1. 按房地产开发企业的所有制性质划分

按房地产开发企业的所有制性质来划分，可将房地产开发企业分为全民所有、集体所有、中外合营和外商独资四种主要类型。

（1）全民所有。全民所有的房地产开发企业主要是指在房屋统建的基础上发展起来的或政府各部门组建的房地产开发公司。这类开发企业的主要任务是：经营城市土地开发和房地产业务，接受当地人民政府的委托或通过投标中标，承担开发任务，按照城市的总体规划，进行市政、公用、动力、通信等基础工程和相应配套设施的建设，并将达到法定开发要求的土地使用权或房地产转让给他人。

（2）集体所有。集体所有的房地产开发企业是集体出资开办的，其资产属于集体所有的房地产开发企业。其一般是以有限责任公司的形式存在，实行自主经营、自负盈亏、独立核算。

（3）中外合资经营。中外合资经营的房地产开发企业是中外双方在约定的期限内，以合资或合作的方式进行房地产开发与经营的企业。合资或合作的条件可以是现金、实物，也可以是土地使用权。一般情况下，由中方提供土地使用权，外方提供资金以合作的形式进行合营。合营各

方的权利、义务、资金回收方式、利润分配方式和分配比例、亏损及债务的负担均由合营双方协商确定，并按合同约定执行。

(4) 外商独资。外商独资的房地产开发企业是依照我国法律在我国境内设立的，全部由外国投资者投资的房地产开发经营企业。

2. 按房地产开发企业的经营性质划分

按房地产开发企业的经营性质来划分，可将其分为房地产开发专营企业、兼营企业和项目公司。

(1) 房地产开发专营企业。是指以房地产开发经营为主的房地产综合开发企业。该种企业有独立健全的组织机构、同企业等级相适应的专职技术人员和经济管理人员。

(2) 房地产开发兼营企业。是以其他经营项目为主，兼营房地产开发经营的企业。房地产开发兼营企业不定资质等级，根据建设部 1993 年发布的《房地产开发企业资质管理规定》，凡符合该规定第 19 条规定的资质标准的，经省级以上建设行政主管部门批准，就可以兼营房地产开发业务。

(3) 房地产开发项目公司。是以房地产开发项目为对象从事单项房地产开发经营的企业。其经营对象只限于批准的项目。被批准的项目开发、经营完毕后，该类企业应向工商行政管理机关办理核减经营范围的登记。该类房地产开发企业经建设行政主管部门的审定，核发一次性《资质等级证书》，便可以申请单项房地产开发经营的开业登记。

(二) 房地产开发企业的设立

1. 设立的条件

房地产开发企业是房地产开发经营活动的主体，其设立应符合有关法律的规定。根据 2007 年《中华人民共和国城市房地产管理法》(以下简称《城市房地产管理法》)的规定，房地产开发企业的设立应符合以下条件：

(1) 有自己的名称和组织机构。企业的名称是其有别于其他企业的重要标志，它代表了企业的资信，是企业无形资产的组成部分。组织机构是由企业的决策机构、管理机构、生产经营组织及相应的分支机构构成的组织体系。房地产开发企业是一个法人组织，应有自己的名称和组织机构。法人组织有了健全的组织机构，才能形成法人意识，对内执行法人事务，对外代表法人参加经济活动。企业的名称必须在企业设立登记时，由工商行政主管部门核准。

(2) 有固定的经营场所。固定的经营场所是指企业主要的办事机构所在地。固定的经营场所是房地产开发企业进行开发活动的中心，是对外进行联系，开展经营活动所必需的场所，也是国家对企业进行监督管理的必要条件。

(3) 有符合国务院规定的注册资本。注册资本是反映企业经济实力的重要标志，也是企业对外承担法律责任的基础。房地产开发企业的设立，必须具有符合法定数额的注册资本。根据 1998 年《城市房地产开发经营管理条例》的规定，房地产开发企业的设立，应有 100 万元以上的注册资本，而且应是实有资本。100 万元是法定的注册资本数额的最低要求。

(4) 有足够的专业技术人员。房地产开发是一个专业性很强的行业，它不仅需要建筑、设计等方面的专业技术人员，而且还需要经济、法律、会计、统计等方面的专业人员。根据《城市房地产开发经营管理条例》的规定，房地产开发企业设立的重要条件之一是：要有四名以上持有资格证书的房地产专业、建筑工程专业的专职技术人员，两名以上持有资格证书的专职会计人员。各省、自治区、直辖市人民政府还可以根据本地的实际情况，对设立房地产开发企业的注册资本和专业技术人员的条件提出更高的要求。

(5) 法律法规规定的其他条件。法律、法规规定的其他条件主要是指其他相关法律、法规所规定的条件。

2. 设立的程序

根据 2007 年《城市房地产管理法》和 1998 年《城市房地产开发经营管理条例》的规定，房地产开发企业的设立主要有以下步骤：

(1) 申请登记。房地产开发企业设立时，首先要向县级以上人民政府、工商行政管理部门提出登记申请，并如实报告创办企业所具备的各项条件，以及创办企业的可行性研究报告和各项经济技术资料。工商行政管理部门对符合法定条件的，自收到申请之日起 30 日内予以登记；对不符合法定条件的不予登记，但应说明理由。工商行政管理部门在对房地产开发企业的登记申请进行审查时，还应当听取同级房地产开发主管部门的意见。

(2) 依法备案。我国的有关法律、法规明确规定，房地产开发企业应当自领取营业执照之日起 30 日内，持有关文件到登记机关所在地的房地产开发主管部门备案。备案时应提供的资料包括：营业执照复印件、企业章程、验资证明、企业法定代表人的身份证明以及专业技术人员的资格证明书和聘用合同等。

(三) 房地产开发企业的资质管理

根据 1994 年《城市房地产管理法》和 1998 年《城市房地产开发经营管理条例》所制定的《房地产开发企业资质管理规定》，于 2000 年 3 月 24 日通过并开始实施。该规定要求房地产开发企业按照本规定申请核定企业资质等级，未取得房地产开发资质等级证书（简称资质证书）的企业，不得从事房地产开发经营业务。

1. 房地产开发企业的资质等级

房地产开发企业的资质等级，根据企业条件的不同分为 4 个级别，分别是：一级资质、二级资质、三级资质和四级资质。

2. 房地产开发企业资质等级申请和审批

(1) 申请程序。具体包括以下内容：

① 申领《暂定资质证书》。新设立的房地产开发企业应当自领取营业执照之日起 30 日内，持下列文件到房地产开发主管部门备案：营业执照复印件、企业章程；验证证明；企业法定代表人的身份证明；专业技术人员的资格证书和劳动合同；房地产开发主管部门认为需要出示的其他文件。

申报材料时，临时聘用或兼职的管理、技术人员不得计入企业管理、技术人员总数。

房地产开发主管部门应当在收到备案申请后 30 日内向符合条件的企业核发《暂定资质证书》。《暂定资质证书》有效期一年。房地产开发主管部门可以视企业经营情况延长《暂定资质证书》有效期，但延长期限不得超过两年。自领取《暂定资质证书》之日起一年内无开发项目的，《暂定资质证书》有效期不得延长。申请《暂定资质证书》的条件不得低于四级资质企业的条件。

② 申请核定资质等级。房地产开发企业应当在《暂定资质证书》有效期满前一个月内向房地产开发主管部门申请核定资质等级。房地产开发主管部门应当根据其开发经营业绩核定相当

的资质等级。申请核定资质等级时，房地产开发企业应当提交下列证明文件：企业资质等级申请表；房地产开发企业资质证书（正、副本）；企业资产负债表和验资报告；企业法定代表人和经济、技术、财务负责人的职称证件；已开发经营项目的有关证明材料；房地产开发项目手册及《住宅质量保证书》、《住宅使用说明书》执行情况报告；其他有关文件、证明。

申报材料时，临时聘用或者兼职的管理、技术人员不得计入企业管理、技术人员总数。

（2）审批。国务院建设行政主管部门负责全国房地产开发企业的资质管理工作；县级以上地方人民政府房地产开发主管部门负责本行政区域内房地产开发企业的资质管理工作。其中，一级资质由省、自治区、直辖市人民政府建设行政主管部门初审，报国务院建设行政主管部门审批；二级及二级以下资质的审批办法由省、自治区、直辖市人民政府建设行政主管部门制定。

（3）颁发资质等级证书。经资质审查合格的企业，由资质审批部门发给相应等级的资质证书。资质证书由国务院建设行政部门统一制作。资质证书分为正本和副本，资质审批部门可以根据需要核发资质证书副本若干份。任何单位和个人不得涂改、出租、出借、转让、出卖资质证书。企业遗失资质证书，必须在新闻媒体上声明作废后，方可补领。

3. 房地产开发企业资质等级的管理

（1）注销和重新申请。企业破产、歇业或者因其他原因终止业务时，应当在向工商管理部门办理注销营业执照后 15 日内，到原资质审批部门注销资质证书。

企业发生分立、合并的，应当在向工商行政部门办理变更手续后 30 日内，到原资质审批部门申请办理资质证书注销手续，并重新申请资质等级。

（2）变更。企业变更名称、法定代表人和主要管理、技术负责人，应当在变更 30 日内，向原资质审批部门办理变更手续。

（3）年检。房地产开发企业的资质实行年检制度，对于不符合原定资质条件或者有不良经营行为的企业，由原资质审批部门予以降级或者注销资质证书。一级资质房地产开发企业的资质年检由国务院建设行政主管部门或者其委托的机构负责。二级资质及二级资质以下房地产开发企业的资质年检由省、自治区、直辖市人民政府建设行政主管部门制定相应的办法。

房地产开发企业无正当理由不参加资质年检的，视为年检不合格，由原资质审批部门注销资质证书。

（4）处罚。企业未取得资质证书从事房地产开发经营的，由县级地方人民政府房地产开发主管部门责令限期改正，处 5 万元以上 10 万元以下的罚款；逾期不改正的，由房地产开发主管部门提请工商行政管理部门吊销营业执照。

企业超越资质等级从事房地产开发经营的，由县级以上地方人民政府房地产开发主管部门责令限期改正，处 5 万元以上 10 万元以下的罚款；逾期不改正的，由原资质审批部门吊销资质证书，并提请工商行政管理部门吊销营业执照。

企业有下列行为之一的，由原资质审批部门公告资质证书作废，收回证书，并可处以 1 万元以上 3 万元以下的罚款：① 隐瞒真实情况、弄虚作假骗取资质证书的；② 涂改、出租、出借、转让、出卖资质证书的。

企业开发建设项目工程质量低劣，发生重大工程质量事故的，由原资质审批部门降低资质等级；情节严重的吊销资质证书，并提请工商行政部门吊销营业执照。

企业商品住宅销售中不按照规定发放《住宅质量保证书》和《住宅使用说明书》的，由原资质审批部门予以警告、责令限期改正、降低资质等级，并可处以1万元以上2万元以下的罚款。

企业不按照规定办理变更手续的，由原资质审批部门予以警告、责令限期改正，并可处以5 000元以上1万元以下的罚款。

各级建设行政主管部门工作人员在资质审批和管理中玩忽职守、滥用职权，徇私舞弊的，由其所在单位或者上级主管部门给予行政处分；构成犯罪的，由司法机关依法追究刑事责任。

二、房地产中介服务机构

建设部2001年发布的《城市房地产中介服务管理规定》指出："本规定所称的房地产中介服务，是指房地产咨询、房地产价格评估、房地产经纪等活动的总称。"对于房地产中介服务机构，该规定中有关条款明确说明："从事房地产中介业务，应当设立相应的房地产中介服务机构。房地产中介服务机构，应是具有独立法人资格的经济组织。"

（一）房地产中介服务机构的类型

房地产中介服务机构简称房地产中介机构，是指依法以各种方式充当房地产交易媒介，为单位和个人提供有偿服务的组织。2007年8月30日公布施行的《中华人民共和国城市房地产管理法》中规定："房地产中介服务机构包括房地产咨询机构、房地产价格评估机构、房地产经纪机构等。"

1. 房地产咨询机构

房地产咨询机构是指依一定的法律程序设立的专门从事房地产政策、业务等咨询服务的组织。

2. 房地产价格评估机构

房地产价格评估机构是指依一定的法律程序设立的专门从事土地和房屋估价的组织。

3. 房地产经纪机构

房地产经纪机构是指依一定法律程序设立的，为协调、配合、帮助房地产交易双方进行谈判达成交易协议，而提供各种代理业务和有偿服务的组织。

（二）房地产中介机构的设立

1. 房地产中介机构设立的条件

设立房地产中介机构应当向工商行政管理部门申请设立登记，领取营业执照后方可开业。房地产中介机构设立应具备以下条件：

（1）有自己的名称和组织机构；

（2）有固定的经营场所；

（3）有必要的财产和经费；

（4）有足够数量的专业人员；

（5）法律、行政法规规定的其他条件。

2. 房地产中介机构的设立程序

房地产中介机构的设立过程是：首先到房地产管理部门审查，经审查合格后，再到国家工商管理部门注册登记。

建设部关于《城市房地产中介服务管理规定》明确规定："设立房地产中介服务机构，应当向当地的工商行政管理部门申请设立登记。房地产中介服务机构在领取营业执照一个月内，应当到登记机关所在地的县级以上人民政府、房地产管理部门备案。”“设立房地产中介服务机构的资金和人员条件，应当由当地县级以上房地产管理部门进行审查，经审查合格后，再行办理工商登记。”“需要跨省、自治区、直辖市从事房地产估价业务的机构，应报国务院建设行政主管部门进行审查。经审查合格后，再行办理工商登记。”“设立有限责任公司、股份有限公司从事房地产中介服务业务的，还应当执行《中华人民共和国公司法》的有关规定。”

3. 房地产中介机构的组织性质和形式

房地产中介组织，在经济性质上可以分为：全民所有制房地产中介组织、集体所有制房地产中介组织、外资房地产中介组织、中外合资房地产中介组织以及个人的房地产中介组织。

房地产中介组织，在组织形式上有有限责任公司、股份有限公司、个体工商户等，类型上分为专职和兼营。

4. 房地产中介机构的义务

1996 年建设部发布的《城市房地产中介服务管理规定》指出：“房地产中介机构必须履行下列义务：第一，遵守有关法律、法规和政策；第二，遵守自愿、公平、诚实信用原则；第三，按照核准的业务范围从事经营活动；第四，按规定的标准收取费用；第五，依法缴纳税费；第六，接受行业主管部门及其他有关部门的指导、监督和检查。”

（三）房地产交易所

房地产交易所是房地产产权交易管理所的简称，它既是中介服务机构，又是房地产市场交易和管理的职能机构。房地产交易所受房地产管理机关的委托，按政策规定管理房地产交易事宜，对房地产市场进行指导、监督、调控、管理和服务。

房地产交易所的具体职能如下：

（1）为房地产交易提供洽谈协议、交流信息、展示行情等各种服务场所；

（2）开展房地产价格评估；

（3）提供有关房地产的法律、政策咨询，接受有关房地产交易和管理的委托代理业务等；

（4）对房地产交易进行指导和监督，调控市场价格，查出违法行为；

（5）办理房地产交易登记、鉴证和权属转移登记等。

（四）房地产经纪人

房地产经纪人是从事房地产居间代理业务而收取佣金的商业人。经纪人主要从事代为收集信息，代为议价、定价，代为办理交易手续等服务业务。

房地产中介服务人员的素质和业务水平对于房地产中介服务业务的质量和社会影响至关重要，为提高其素质和业务水平，规范服务行为，国家提出必须建立房地产中介服务人员的培训教育制度、考试制度和资质认证制度。

思考与练习

阅读以下 4 个案例，回答相关问题。

案例 1　1999 年 7 月 8 日，广州“奥林匹克花园”正式推出首期，引起业内轰动，有许多顾客提前三天开始排队购买，一举成为广州乃至全国的超级楼盘。广州“奥林匹克花园”的销售成功，被誉为“复合地产”策划的里程碑。“奥林匹克花园”在运用房地产领域内各种策划手段的同时，吸收体育业的最新理念和手段，两者相互嫁接、复合，浑然一体，突出了“运动就在家门口”的主题，体现了“运动型、健康型”的生活方式，迎合了顾客购房就是购买“健康”的消费心理。

案例 2　1999 年底，一本出自北京“现代城”发展商之手的长篇文字《SOHO 现代城. 居家办公. 酷. com》出现在诸多媒体上，SOHO 的概念被正式推出。2001 年 1 月初，以前卫光头形象出现的“SOHO 现代城”的广告大范围出现，同时一本银灰色封皮、长达 100 多页的“SOHO 现代城”楼书，以大量的照片、漫画和插图讲解“SOHO 现代城”的三个空间，“有点前卫、有点另类”的风格引起市场的关注，SOHO 一词开始被广泛提及。1 月 8 日，SOHO 现代城开盘认购，不到一个月的时间就被认购了十之七八，尤其是开盘的前三天，日销售额过亿元。

案例 3　2001 年 4 月 28 日，广州“星河湾”在华南板块中第一个开盘，开始接受认购登记。5 月 1 日正式开盘，“星河湾”熙熙攘攘，人们拥挤得几乎找不到北。“五一”放假期间，前来参观“星河湾”的人数达到破记录的 15 万多，内部认购超过 600 套，此时距离“星河湾”广告正式出还不到 20 天。至 5 月底，“星河湾”开盘一个月，累计售房达 500 套以上，实现销售回款超过 3 亿元。广州“星河湾”如此的开盘场面和销售效果，主要归功于开发商根据客户追求居住环境的潜在市场需求，整合了各种理念(战略理念、大盘理念、超前理念和泛地产理念)、各种产业(房地产业、园林业、教育业、水业)、各种智力(策划公司、设计公司、园林公司、规划公司)、各种风格(夏威夷风格、墨西哥风格、西班牙风格、新加坡风格和地中海风格)，将它们集于一体，融会贯通，创造出了“高尚住宅要有高尚环境”的项目主题。

案例 4　2001 年 7 月 21 日，广州“南国奥林匹克花园”首期开盘，创造了两天销售 731 套住宅的楼市奇迹。“南国奥林匹克花园”的成功，也在于整合的魅力。它以买家追求“运动健康、和谐平等”的生活方式，整合了各种理念(参与性、国际性、趣味性)、各种产业(房地产业、体育业、旅游业和教育业)、各种活动(萨马兰奇发来贺电、选南奥园长邓亚萍、国际奥委会一行来参观、国家体育领导题词)、各种第一(第一个社区高尔夫、第一“学村”、第一个没有样板房但“家家都是样板房”、第一个“撒野”公园、第一个年龄相差最大的业主运动会)，使每期开盘都相当成功，发展商变成了“整合大师”。

问题 1：广州“奥林匹克花园”开发理念的切入点为何？与其历史年代有何关联？

问题 2：SOHO 的概念在房地产开发中的地位与作用何在？引起了房地产开发业的什么变化？以 SOHO 的概念为出发点，如何认知房地产开发？

问题 3：房地产项目开发的策划实质在哪里？案例 3 展现了房地产项目开发过程中的哪种新理念？

问题 4：房地产项目开发过程中整合的关键在哪里？应在哪个阶段实施此种整合最有利？

针对上述 4 个案例，围绕所提问题，作出讨论与分析。

第二章　房地产市场及其运行规律

本章学习目标：

以知识点和掌握点为出发点，以技能点为最终掌握目标，严格把握有关房地产市场、房地产市场特征及其功能的应用判断。

技能点：

1. 识别房地产市场的结构；
2. 运用房地产市场划分标准判断房地产市场类别；
3. 识别房地产市场的参与者。
4. 简单分析现实房地产市场的运行环境；
5. 房地产市场运行机制及简单分析；

知识点：

1. 房地产市场的概念；
2. 房地产市场的特性与结构；
3. 房地产市场划分及市场指标；
4. 了解房地产市场运行机制及其规律。

掌握点：

1. 房地产市场的类别；
2. 房地产市场的结构判别；
3. 房地产市场指标定量分析；
4. 房地产市场特性及功能分析与评价。

第一节　房地产市场基础知识

一、房地产市场的概念

（一）市场

市场是社会生产分工和商品交换的产物，是经济主体进行经济活动的场所，是维系商品经济的纽带。市场有狭义和广义之分。狭义的市场是经济主体进行经济活动的场所，如超市、集贸市场、商店、证券交易所等。广义的市场是指在交易活动发生的过程中，经济主体之间的各种经济关系的总和。这里给出的市场的定义为：商品交易关系的总和。

（二）房地产市场

房地产是一种特殊的商品，不可移动性是其与劳动力、资本以及其他类型商品的最大区别。虽然土地和地上建筑物不能移动，但可以被某个人或机构拥有，并且给拥有者带来效益，因此就产生了房地产交易行为。

房地产市场是指房地产交易关系的总和，是买卖双方相互作用的一种机制。房地产市场作为一种市场，同样有狭义和广义之分。狭义的房地产市场是房地产商品需求者和房地产商品供给者之间进行交易活动的场所，如房地产交易所等。广义的房地产市场是房地产交易双方经济关系即房地产全部流通过程的总和，包括土地的出让、转让、抵押、开发，房地产的买卖、租赁、抵押、信托和融资，以及与房地产有关的开发、建筑、修缮、装饰等。

与一般市场相同，房地产市场也是由参与房地产交易的当事者、房地产商品、交易组织机构等构成的，这些要素反映着房地产市场运行中的种种行为状态，影响着房地产市场的运行质量和发展趋势。

二、房地产市场的类别

房地产市场是一个多功能的综合性市场，它由五个相互联系的市场组成：房产市场、地产市场、房地产金融市场、房地产劳务市场和房地产技术信息市场。

（一）房产市场

房产市场是指一切以房屋为标的物的权益让渡行为，通过买卖和租赁两种交换形式，将房屋出售或出租出去，而形成的房屋买卖市场和租赁市场。

（二）地产市场

地产市场即土地使用市场，主要指国家对城镇土地使用权进行有偿出让和获得土地所有权的土地使用者对经过开发的土地的使用权进行有偿转让而形成的市场。

（三）房地产金融市场

房地产金融市场是指通过房地产专业银行和其他银行等金融机构，用信贷、发行股票和证券，开发房地产储蓄业务和资金融通业务而形成的市场。

（四）房地产劳务市场

房地产劳务市场是为房地产开发、经营、管理、服务活动提供劳务的市场。

（五）房地产技术信息市场

房地产技术信息市场是指为各类房地产业务提供中介、技术咨询、房地产交易、行业情况预测分析及国内外有关资料的市场。

另外，房地产市场根据不同的需要从不同的角度又有其他分类方式。例如，按房地产实物形态划分有：房产市场、地产市场；按交易方式划分有：房地产买卖市场、房地产租赁市场、房屋调换市场、房产抵押市场、房屋典当市场；按市场活动的对象划分有：房地产金融市场、物业管理市场、房地产中介服务市场。

第二节　房地产市场及其参与者和指标

一、房地产市场结构

从宏观上说，房地产市场结构包括总量结构、区域结构、产品结构、供求结构、投资结构和租买结构。要实现房地产市场总量基本平衡、结构基本合理、价格基本稳定的市场目标，保持房地产业社会经济及其相关产业协调发展，必须准确把握房地产市场上的这些主要结构关系。

（一）总量结构

从房地产市场整体出发，分析开发和销售之间的数量结构关系，考察房地产供求之间的总量差距。

（二）区域结构

分析在全国不同地区之间，房地产市场发育情况的差异和特点，考察不同区域或城市之间，房地产市场的开发规模、主要物业类型、房价水平和政策措施的差异。

（三）产品结构

从经济发展出发，考察房地产市场中住房、写字楼和商业用房等不同物业之间的投资比例关系，分析其产品结构布局的合理程度。

（四）供求结构

针对某一物业类型，分析其市场中住房、写字楼和商业用房等不同物业之间的投资比例关系，分析其市场内部不同档次物业的供求关系；并从市场发展的实际情况出发，判别供给档次和需求水平之间是否处于错位的状态。

（五）投资结构

根据投资者参与市场的不同投资项目和投资方式，具体分析不同投资方式的适用空间，以及彼此之间的动态协调关系。

（六）租买结构

租买结构是指当前使用的房地产空间中，租住空间和购买自住空间的比例关系。承租和购买两种方式，都可以满足房地产空间的使用需求，相应地也就形成了房地产市场上的租买结构。一个城市或区域的租买结构，与市场上租金和价格的关系、人们对房地产所有权的偏好、市场上可供出租房地产空间的数量、城市或区域的经济发展水平等因素相关。

二、房地产市场划分

从识别和把握房地产宏观市场环境的角度出发，可以按照地域范围、房地产用途、增量存量、交易形式、目标市场等标准，对房地产市场进行划分。

（一）按地域范围划分

房地产的不可移动性，表明其对地区性需求的依赖程度很大，这决定了房地产市场是地区性市场，人们认识和把握房地产市场的状况，也多从地域概念开始，因此按地域范围对房地产市场进行划分，是房地产市场划分的主要方式。

地域所包括的范围可大可小，由于房地产市场主要集中在城市化地区，所以最常见的是按城市划分，如北京房地产市场、上海房地产市场、广州房地产市场等。从把握某一更大范围房地产市场状况的角度，除按城市划分外，还可以按省或自治区所辖的地域划分，如海南省房地产市场、山东省房地产市场等。当然，还可以有中国华北地区房地产市场、美国房地产市场、东南亚地区房地产市场、亚洲房地产市场、世界房地产市场等。但一般来说，市场所包括的地域范围越大，其研究的深度就越浅，研究成果对房地产投资者的实际意义也就越小。

（二）按房地产用途划分

由于不同类型的房地产在投资决策、规划设计、工程建设、产品功能、面向客户的类型等方面均存在较大差异，因此需要按照房地产的用途，将其划分为若干子市场。例如，居住物业市场（含普通住宅、别墅、公寓市场等）、商业物业市场（含写字楼、零售商场或店铺、休闲旅游设施、酒店市场等）、工业物业市场（含标准工业厂房、高新技术产业用房、研究与发展用房、工业写字楼等）、仓储用房市场。

（三）按增量存量划分

按增量存量通常将房地产市场划分为三级市场：一级市场（土地使用权出让市场）、二级市场（土地转让、新建商品房租售市场）、三级市场（存量房地产交易市场）。

（四）按交易形式划分

按照《城市房地产管理法》的规定，房地产交易包括房地产转让、房地产租赁和房地产抵押。

（五）按目标市场划分

从市场营销的角度出发，可以按照市场营销过程中的目标市场来划分房地产市场。通常情况下，可以将某种物业类型按其建造标准或价格水平，划分为低档、中低档、中档、中高档和高档物业市场，如甲级写字楼市场、高档住宅市场等；也可按照目标市场的群体进行划分，如老年住宅市场、青年公寓市场等。

上述五种划分方法是相互独立的，不同的市场参与者通常关注不同的子市场。根据研究或投资决策的需要，可以将五种划分方式叠加在一起，得到更细的子市场。例如，北京市写字楼出售市场、南京市二手房转让市场、上海市甲级写字楼租赁市场等。

三、房地产市场的参与者

房地产市场的参与者主要由市场中的交易双方以及为其提供服务和支持的人员或机构组成。它们分别涉及房地产的开发建设过程、交易过程和使用过程。根据各个阶段的特点不同，各参与者的作用程度是有差异的，并不是每个过程都需要全部的人员或机构的参与。

（一）土地所有者或当前土地使用者

在我国，土地是公有的（城市市区的土地属于国家所有；农村和城郊的土地除法律规定属于国家所有外，属于农民集体所有），并由政府垄断着国有土地使用出让权的一级市场。为出售或提高土地的使用价值，土地所有者或当前土地使用者可能会主动提出出让、转让或投资开发的愿望，当前的土地使用者也对相关的土地交易有着至关重要的影响，在同一片开发地块上的当前使用者越多，对开发的影响也就越大。

（二）房地产开发商

房地产开发商包括小到项目公司，大到大型跨国开发公司等多种类型的开发企业。

（三）政府及政府机构

政府及政府机构在参与房地产运行的过程中，既有制定规则的权力，又有监督、管理的职能，在有些方面还会提供有关服务。开发商从购买土地使用权开始，就不断和政府的土地管理、城市规划、建设管理、市政管理、房地产管理等部门打交道以获取投资许可、土地使用权、规划许可、开工许可、市政设施和配套设施使用许可、销售许可和房地产产权等。作为公众利益的代表者，政府在参与房地产市场的同时，也对房地产市场其他参与者的行为发生着影响。

（四）金融机构

房地产的生产过程和消费过程均需大量资金支持，没有金融机构参与并提供融资服务，房地产市场就很难正常运转。

（五）建筑承包商

建筑承包商是指建筑项目的承包人，即在协议书中约定，被项目发包人（一般是开发商）接受的具有项目施工承包主体资格的当事人。

（六）专业顾问

由于房地产开发投资及交易管理过程相当复杂，房地产市场上的大多数买家或卖家不可能有足够的经验和技能来处理房地产生产、交易、使用过程中遇到的各种问题。因此，市场上的供给者和需求者很有必要在不同阶段聘请专业顾问人员提供咨询服务。这些专业顾问人员包括：

1. 建筑师

在房地产产品的生产过程中，建筑师一般承担开发建设用地规划方案设计、建筑设计等工作。有时建筑师并不是亲自完成这些设计工作，而是作为主持人来组织或协调这些工作。一般情况下，建筑师还要组织定期技术工作会议、提供施工所需图纸资料、协助解决施工中的技术问题等。

2. 工程师

房地产开发中需要结构工程师、建筑设备工程师、电气工程师等。这些不同专业的工程师除进行结构、供暖、给排水、照明以及空调或高级电气设备等的设计外，还可负责合同签订、建筑材料与设备采购、施工监理、协助解决工程施工中的技术问题等工作。

3. 会计师

会计师从事开发投资企业的经济核算等多方面工作，从全局的角度为项目投资提出财务安排或税收方面建议，包括财务预算、工程预算、付税与清账、合同监督、提供付款方式等，并及时向开发投资企业的负责人通报财务状况。

4. 造价工程师或经济师

在房地产开发过程中，造价工程师或经济师可服务于开发商、建筑承包商、工程监理机构或造价机构。其主要负责在工程建设前进行开发成本估算、工程成本预算，在工程招标阶段编制工程标底，在工程施工过程中进行成本控制、成本管理和合同管理，在工程竣工后进行工程结算。

5. 房地产估价师及房地产经纪人

房地产估价师在房地产交易工程中提供估价服务，在房地产产品租售之前进行估价，以确定其最可能实现的租金或租金水平。房地产经纪人的作用，主要是利用自己的专业知识和经验，促进买卖双方达成交易，并在办理交易手续的过程中提供专业的服务。

6. 律师

房地产产品的生产、交易和使用过程，均需要律师参与，为有关委托方提供法律支持和服务。

（七）消费者或买家

每一个人和机构都是房地产市场上现实或潜在的消费者。人人都需要住房，每一个机构都需要建筑空间从事生产经营或其他活动，而不管这些房屋是买来的还是租来的。消费者在房地产市场交易中的取向是"物有所值"，即用适当的货币资金，换取拥有或使用房地产的满足感或效用。

四、房地产市场指标

反映和描述房地产市场状况的指标包括供给指标、需求指标和市场交易指标三种类型。

（一）供给指标

1. 新竣工量

新竣工量（new completions，NCt）指报告期（如第 t 年或半年、季度、月，下同）内新竣工房屋的数量，单位为建筑面积或套数，可按物业类型分别统计。

2. 灭失量

灭失量指房屋存量在报告期内由于各种原因（损毁、拆迁等）灭失掉的部分。

3. 存量

存量（stock）指报告期内已占用和空置的物业空间总量，单位为建筑面积或套数；在数值上，报告期存量＝上期总量＋报告期新竣工量－报告期灭失量；可按物业类型分别统计。

4. 空置量

空置量（vacancy）指报告期期末房屋存量中没有被占用的部分。

5. 空置率

空置率（vacancy rate）指报告期期末空置房屋占同期房屋存量的比例。在实际应用中，可以根据房屋的类型特征和空置特征分别进行统计，包括不同类型房屋空置率、新竣工房屋空置率、出租房屋空置率、自用房屋空置率等。

6. 可供租售量

可供租售量（houses for sale/rental）指报告期可供销售或出租房屋的数量，单位为建筑面积或套数。

7. 房屋施工面积

房屋施工面积（buildings under construction）是指报告期内施工的全部房屋建筑面积，包括本期新开工的面积、上期开工跨入本期继续施工的房屋面积以及上期已停建在本期恢复施工的房屋面积。本期竣工和本期施工后又停建缓建的房屋面积仍包括在施工面积中，多层建筑应为各层建筑面积之和。

8. 房屋新开工面积

房屋新开工面积（construction starts）是指在报告期内新开工建设的房屋面积，不包括上期跨入报告期继续施工的房屋面积和上期停建缓建而在本期恢复施工的房屋面积。房屋的开工日期应以房屋正式开始破土刨槽（地基处理或打永久桩）的日期为准。

9. 平均建设周期

平均建设周期（construction period）是指某种类型的房地产开发项目从开工到竣工交付使

用所占用的时间长短。

10. 竣工房屋价值

竣工房屋价值(value of building completed)是指在报告期内竣工房屋本身的建造价值。

(二) 需求指标

1. 国内生产总值

国内生产总值(GDP)是按市场价格计算的一个国家(或地区)所有常住单位在一定时期内生产活动的最终成果。国内生产总值有三种表现形态,即价值形态、收入形态和产品形态。

2. 人口数

人口数是指在一定时间、一定地区范围内有生命的个人总和,包括户籍人口、常住人口和现有人口。其中,户籍人口是在某地政府户籍管理机关登记为常住人口的人,不管其是否外出,也不管其外出时间长短;常住人口是指经常居住在某地的人口,包括常住该地并登记了常住人口的人,以及无户口或户口在外地而住在该地1年以上的人,不包括在该地登记为常住户口而离开该地1年以上的人;现有人口是指在规定的标准时点下,在这个地区居留的人口。常住人口与一个地区的社会经济关系更为密切。

3. 城市家庭人口

城市家庭人口是指居住在一起,经济上一起共同生活的家庭成员。凡计算为家庭人口的成员其全部收支都包括在本家庭中。

4. 就业人员数量

就业人员数量是指从事一定社会劳动并取得劳动报酬或经营收入的人员数量,包括在岗职工、再就业的离退休人员、私营业主、个体户主、私营和个体就业人员、乡镇企业就业人员、农村就业人员、其他就业人员(包括民办教师、宗教职业者、现役军人等)。这一指标反映了一定时期内全部劳动力资源的实际利用情况,是研究国家基本国情国力的重要指标。

5. 就业分布

就业分布是指按产业或职业分类的就业人员分布状况。

6. 城镇登记失业率

城镇登记失业率是指城镇登记失业人员与城镇单位就业人员(扣除使用的农村劳动力、聘用的离职退休人员、港澳台及外方人员)、城镇单位中的不在岗职工、城镇私营业主、个体户住、城镇私营企业和个体就业人员、城镇登记失业人员之和的比。

7. 城市家庭可支配收入

城市家庭可支配收入是指家庭成员得到的可用于最终消费支出和其他非义务性支出以及储蓄的货币总和,即居民家庭可以用来自由支配的收入。它是家庭总收入扣除缴纳所得税、个人缴纳的社会保障费以及记账补贴后的收入。

8. 城市家庭总支出

城市家庭总支出是指除借贷支出以外的全部家庭支出,包括消费性支出、购房建房支出、转移性支出、财产性支出、社会保障支出。

9. 房屋空间使用数量

房屋空间使用数量是指按使用者类型划分的正在使用中的房屋数量。

10. 商品零售价格指数

商品零售价格指数是反映一定时期内城乡商品零售价格变动趋势和程度的相对数。商品零售价格的变动直接影响到城乡居民的生活支出和国家的财政收入，影响居民购买力和市场供需的平衡，影响到消费与积累的比例关系。

11. 城市居民消费价格指数

城市居民消费价格指数是反映一定时期内城市居民家庭所购买的生活消费品价格和服务项目价格变动趋势和程度的相对数。

（三）市场交易指标

1. 销售量

销售量是指报告期内销售房屋的数量，单位为建筑面积或套数。

2. 出租量

出租量是指报告期内出租房屋的数量，单位为建筑面积或套数。

3. 预售面积

预售面积是指报告期末仍未竣工交付使用，但已签订预售合同的正在建设的商品房屋面积。

4. 房地产价格

房地产价格是指报告期内房地产市场中的价格水平，通常用不同类型房屋价格的中位数来表示。

5. 房地产租金

房地产租金是指报告期房地产市场中的租金水平，通常用不同类型房屋租金的中位数来表示。

6. 房地产价格指数

房地产价格指数是反映一定时期内房地产价格变动趋势和程度的相对数，包括房屋销售价格指数、房屋租赁价格指数和土地交易价格指数。

第三节　房地产市场的特性与功能

一、房地产市场的特性

由房地产商品的诸多特点所决定，房地产市场除具有市场一般特征外，作为一个相对独立的市场系统与其他商品市场相比，还有以下特点：

（一）房地产市场的区域性

由于房地产商品是不可移动的，具有位置上的固定性，再加上房地产商品所处的城市区域不同，区域经济发展状况不同，其市场供求状况和价格水平也具有明显的区域性差异。

（二）房地产市场的复杂性

房地产商品本身的特殊性决定其交易是产权的流转，而不发生位置的移动。因而，房地产交易通常需要复杂而严格的法律程序，耗时费力，加之市场信息的欠缺，其交易通常需要房地产估价师或房地产经纪人等专业人员提供服务。这些都增加了房地产市场的复杂性。

（三）房地产市场需求的广泛性和多样性

房地产商品的需求是人类生存的基本需求，所以房地产市场需求首先具备广泛性。随着人们生活品质和现代化生产、办工条件的不断提高，使得房地产市场需求同样具备了多样性和变化性，形成有效需求不断拓展的市场空间。

（四）房地产市场供给的垄断性

除集体所有的土地外，城市土地的所有权是不能发生转移和进行买卖的。因此，在以土地为交易客体的地产市场上，国家控制着土地的经营权，是垄断性经营。

（五）房地产市场供给的稀缺性

由于土地是不可再生的稀缺资源，房产也必然是相对稀缺的。因此，从根本上说，房地产市场是一个供给稀缺市场。随着经济发展，对土地的需求量日益增加，但土地的供给量基本上是个恒定量。这就产生了供给有限与需求增加之间的矛盾。

（六）房地产市场供给调节的滞后性

由于房地产开发周期长，所以供不应求时供给量不能迅速增加，由于房地产的缓慢消耗性，决定了当供大于求时多余的部分需要相当长的时间才能被市场消化。因而，在需求变动之后，需要相当长的时间供给才能随之调节达到供给平衡

此外，房地产市场还具有统一性、投机性、融资性等特点。

二、房地产市场的功能

在任何市场上，某种商品的价格反映了当时的市场供求状况。但价格不仅预示市场的变化及其趋势，还可以通过价格信号来指导买卖双方的行为。简言之，价格机制是通过市场发挥作用的。房地产市场的基本功能，可以分为以下几个方面：

（一）配置存量房地产资源和利益

由于土地资源的有限性，又由于房地产开发建设周期较长而滞后于市场需求的变化，所以房地产资源必须在各种用途和众多想拥有物业的人和机构之间进行分配。通过市场机制的调节作用，在达到令买卖双方都能接受的市场均衡价格的条件下，就能完成这种分配。

（二）引导供给以适应需求的变化

房地产市场供给的变化可能会由下述两个方面的原因引起：

(1) 建设新的房地产项目或改变原来物业的使用方式；

(2) 某类物业与可替代物业间的租售价格比发生变化。

（三）指导政府制定科学的土地供给计划

在我国，城市土地属于国家所有，这就为政府通过制定科学的土地供给计划在适时满足全体社会成员生产和生活的需要、调节房地产市场的供求关系方面提供了最可靠的保证。然而，制定土地供给计划首先要了解房地产市场，通过对市场提供的房地产存量、增量、交易价格、交易数量、空置率、吸纳率和市场发展趋势等市场信号的分析研究，结合政府在土地利用、耕地保护、城市发展和住房等方面的政策倾向，才能制定出既符合市场需要、可操作强，又能体现政府政策和意志的土地供给计划。

（四）引导需求适应供给条件的变化

供给在很大程度上影响和引导着需求。例如，调整住房供应的户型结构，增加中小户型供给，就会使居民逐渐减少对大户型住宅的依赖。再例如，随着建筑技术的发展，在地价日益昂贵的城市中心区建造高层住宅的综合成本不断降低，导致高层住宅的供给量逐渐增加，价格相对于

多层住宅逐渐下降，使城市居民纷纷转向购买高层住宅，从而减少了城市中心区对多层住宅需求的压力，也使减少多层住宅的供给成为很自然的事。因此，市场可以引导消费的潮流，使之适应供给条件的变化，这甚至有利于政府调整城市用地结构，提高城市土地使用率。

第四节　房地产市场运行环境及其运行机制

一、房地产市场运行环境

房地产市场的运行环境，是指把房地产市场作为一个中心体时，它周围各种影响因素的总和。在整个市场经济体系中，房地产市场并不是孤立存在的，它时刻受到社会经济体系中各方面因素的影响，同时也会对这些因素产生反作用。按照这些影响因素的性质，可以将其分为八类：社会环境、政治环境、经济环境、金融环境、法律制度环境、技术环境、资源环境和国际环境。

(一) 社会环境

社会环境是指一定时期和一定范围内人口的数量及其文化、教育、职业、性别、年龄等结构，家庭的数量及其结构，各地的风俗习惯和民族特点等。

(二) 政治环境

政治环境是指政治体制、政局稳定性、政府能力、政策连续性以及政府和公众对外资的态度等。它涉及资本的安全性，是投资者最敏感的问题。

(三) 经济环境

经济环境是指在整个经济系统内，存在于房地产业之外，而又对房地产市场有影响的经济因素和经济活动。例如，城市或区域总体经济发展水平、就业率、产业与结构布局、基础设施状况、利率和通货膨胀率等。

(四) 金融环境

金融环境是指房地产业所处的金融体系和支持房地产业发展的金融资源，这种支持主要指所能提供的金融服务、金融支持的力度和状况等。

(五) 法律制度环境

法律制度环境是指与房地产业有关的正式规则，包括现行法律法规与相关政策等。

(六) 技术环境

技术环境是指一个国家或地区的技术水平、技术政策、新产品开发能力以及技术发展动向等。

(七) 资源环境

资源环境是指影响房地产市场发展的土地、能源、生态等自然资源条件。

(八) 国际环境

国际环境是一种动态的过程，是国家以外的结构体系对一国的影响和一国对国家以外结构体系的影响所作出的反应之间的互相作用、互相渗透和互相影响的互动过程。例如，国际资本大量涌入，经济全球化进程不断深化。

房地产市场的运行环境及其影响因素可归纳为如表 2－1 所示的内容。由社会环境、经济环境和政治环境分别决定的社会因素、经济因素和政治因素，是影响房地产市场发展的基本因素。

表 2-1　房地产市场的运行环境及其影响因素

房地产业的运行环境	主要影响因素
社会环境	人口数量和结构、家庭结构及其变化、居民思想观念、社区和城市发展形态
政治环境	政治体制、政局稳定性、政府能力、政策连续性、政府及公众对待外资的态度等
经济环境	城市或区域总体经济发展水平、就业率、产业与结构布局、基础设施状况、利率和通货膨胀率等
金融环境	宏观金融政策、金融工具完善程度、资本市场发育程度等
法律制度环境	与房地产业有关的正式规则，包括现行法律与相关政策
技术环境	建筑材料、建筑施工技术和工艺、建筑设备的进步；信息技术的发展和应用，及伴随而来的房地产业信息化的要求
资源环境	土地、能源等资源约束
国际环境	国际资本流动、经济全球化

二、影响房地产市场转变的社会经济力量

随着经济全球化进程的逐步推进和信息技术的飞速发展，房地产业的发展与社会经济的发展息息相关。其中，影响房地产市场转变的主要社会经济力量包括：

（一）金融业的发展

房地产业作为产业出现时，金融资本供给方的决策会直接影响房地产市场的价格，进而影响市场供给及人们对房地产租金价格水平的预期，从而导致市场空置情况及实际租金水平的变化。金融和资本市场的支持，对我国房地产市场的迅速发展和房地产价格水平的提升，起到了不可替代的重要作用；而且随着房地产金融和房地产投资工具的创新，这种影响力还会进一步扩大。

（二）信息技术水平的提高和交通条件的改善

信息、信息技术水平的提高和交通条件的根本改善，大大缩短了不同物业之间的距离，推动了不同地域消费品的交流，降低了劳动力的沟通成本和时间费用。这无疑会改变人们固有的物业区位观念，增加对不同位置物业的选择机会，促进不同地区间的资本流动。

（三）生产和工作方式的转变

2007 年我国第三产业增加值比重达 39.1％，北京市、上海市、广东省第三产业增加值比重均超过了全国平均水平，分别达到了 71.3％、51.9％和 42.3％。第三产业的发展壮大、劳动密集型产业向资金密集型和技术密集型产业的转变、高新技术产业的发展等，促进了人们工作和生活居住模式的转变，使房地产空间需求特点发生了重大变化。

（四）人文环境的变化

社会人口老龄化、家庭小型化、受教育程度的提高等，使人们对住房的认识，以及住房消费观念与消费模式发生了巨大变化，老年人住宅、青年公寓、第二住宅和季节性住宅等概念应运而生。

（五）自然环境的变化

城市环境污染、农村人口大量涌入城市所产生的社会问题等导致住宅郊区化；环境问题和社会问题的解决、土地资源的约束，使城区内住宅重新受到青睐。

（六）政治制度的变迁

住房问题的社会政治性特征，使得任何政府均将住房政策作为其施政纲领中的重要内容。为了实现住房政策中关于提供公平住房机会、稳定住房市场的目标，政府会根据不同时期住房问题的特点和社会经济发展状况，通过产权政策、土地政策、金融政策、税收政策和财政补贴政策等，对市场进行不同程度的干预。

三、房地产市场运行机制

房地产市场运行机制主要是指市场机制和计划机制。

（一）市场机制

房地产市场机制是指房地产市场所具有的自动驱使供求关系平衡的功能。其主要包括以下几个方面的内容：

1. 供求机制

供求机制是指市场供求关系的变化能影响房地产经济的运行，即房地产供求状况会影响房地产价格的浮动。通过调节市场中房地产商品的数量和价格，可以实现供求平衡的目的。

2. 价格机制

价格机制是指价格作为市场的利益范畴和供求关系的指示器运用价值规律来实现房地产价格的调控。

3. 竞争机制

在房地产市场中，买卖方之间、受让方之间、受让方与国家之间都存在着竞争。房地产市场上的竞争不仅给房地产经营者以动力，也给消费者以导向，最后达到供求平衡。

4. 税收机制

国家利用税收机制对房地产经济实行调控，即理顺和调控国家与企业、用人单位及个人之间的利益分配关系，从而保持分配的相对平衡。

5. 信贷、利率机制

房地产开发经营所需资金多且周期长，所以信贷是房地产开发与经营的主要资金来源，信贷、利率机制也就成为从金融方面调节、控制房地产市场的有力杠杆。

（二）计划机制

由于我国房地产市场供需不平衡的矛盾突出，加上改革开放条件下房地产投机难以避免，所以房地产市场必须接受国家的干预和指导。国家和地方政府的职能部门控制房地产一级市场，通过城市整体规划，社会经济发展目标等宏观调控措施来引导和鼓励房地产市场发展，通过完善和健全房地产市场法律法规来规范房地产市场行为。

我国房地产市场的实际运行是把市场机制和计划机制结合起来的。在按价值规律办事、遵循地租规律和供求规律的前提下，充分发挥计划调节的作用，克服市场调节的缺点和短处，使我国房地产市场健康合理地运行。

四、房地产市场的运行规律

(一)房地产空间市场与房地产资产市场

房地产属于一种耐用品,兼有消费品和投资品的双重特征。因此,房地产市场也存在空间市场和资产市场这两个层面。

1. 房地产空间市场

在房地产空间市场上,房地产为家庭和企业提供生活和生产的空间。对于一般家庭而言空间是其生活中必须消费的商品之一,对于企业而言空间是生产要素之一,既有可能带来其生产效用,又可以直接创造经营收益。

2. 房地产资产市场

在房地产资产市场上,房地产被当做一种资产被家庭和企业持有和交易,其目的是获取投资收益。房地产资产市场中的需求者是希望通过拥有房地产而获取收益的家庭和机构投资者。房地产市场新增供给的来源是新建的建筑物。

3. 房地产空间市场和资产市场之间的联系和均衡状态

房地产空间市场和资产市场是紧密联系在一起的。空间市场的供求关系决定了房地产租金的水平,该租金水平同时决定了房地产资产的收益水平,从而影响资产市场中的需求;同时,空间市场上的供给又是由资产市场决定的。

(二)房地产市场的周期循环

由于经济的发展带动或产生了对商业、居住和服务设施的空间需求,从而带来房地产市场的兴起。因此,从本质上讲,房地产业的发展是由整体经济的发展决定的。从一个较长的历史时期来看,社会经济的发展体现为周期性运动。相应地,房地产业的发展也存在周期循环的特征。

1. 房地产周期循环的概念

房地产周期循环是指房地产业活动或与投入和产出相关的波动现象,其现象具有复杂变动性。

2. 产生房地产周期循环的原因

产生房地产周期循环的原因主要是供需因素的影响,特别是与金融相关的因素变动尤为重要。具体表现为:市场信息的不充分导致供需调整的不均衡,并存在时空的差异性;社会因素容易影响消费者和生产者的理智行为;政府政策因素的影响,如高度、容积率、农地征用等限制;经济体制因素的影响,如期货效应、中介服务的健全程度等。

3. 房地产周期理论的主要内容

房地产周期理论的主要内容包括:市场供求均衡理论、市场自我调节机制及修整理论。这是传统的房地产周期理论,根据这些理论,房地产市场的发展可以自我修正,并经历着扩张、缓行、调节、复苏和再次扩张的周期性循环。

4. 房地产周期运动的新观念

实践证明均衡是瞬间的,建立在市场均衡前提下的传统房地产周期理论,在实践中已发生了脱节和失灵。根据现代房地产周期研究的成果判断,房地产市场的变化是复杂的,与一般商品市场的周期规律是有别的;在不确定的、不连续且处于转变的经济环境中,必须强调对未来可能变化的全盘经济进行分析,而不仅是根据历史信息进行线性预测。

思考与练习

1. 什么是房地产市场结构？
2. 房地产市场的参与者有哪些？
3. 如何理解房地产市场的特性？
4. 举例说明房地产市场的功能。
5. 怎样理解房地产市场的运行环境？
6. 怎样理解房地产市场的运行规律？
7. 如何使用房地产市场指标？
8. 举例说明房地产市场运行机制。

第三章　房地产开发项目的前期工作

本章学习目标：

全面了解房地产开发项目的前期工作，基本掌握其主要流程，并会作相应的简单计算。

技能点：

1. 房地产开发项目报建的流程；
2. 房地产开发项目规划设计方案评价指标的计算与比较；
3. 房地产开发资金筹措中资金成本的计算与比较。

知识点：

1. 房地产开发项目前期工作的主要内容；
2. 房地产开发项目前期工作所需要的基本素质和技能；
3. 我国对房地产开发项目报建管理的主要内容；
4. 房地产开发资金筹措的主要途径。

掌握点：

1. 房地产开发项目报建的基本流程；
2. 房地产开发用地获取的主要途径；
3. 房地产开发规划设计方案评价指标的计算和比较；
4. 房地产开发资金筹措以及资金成本的计算与比较。

第一节　房地产开发项目的报建

房地产开发项目报建的流程包括房地产开发企业的准备工作、行政审批、房地产开发项目权属初始登记三大部分。

一、房地产开发企业的准备工作

在报行政机关审批之前，房地产开发企业应办理好土地出让手续，委托有资质的勘察设计院对待建项目进行研究并制作报告书，应附有详细的规划设计参数和效果图，并落实足够的开发资金。

二、行政审批

根据我国当前法律、法规、规章，房地产开发项目的行政许可程序一般共分七个阶段：① 选址定点；② 规划总图审查及确定规划设计条件；③ 初步设计及施工图审查；④ 规划报建图审查；⑤ 施工报建；⑥ 办理商品房预售许可证；⑦ 建设工程竣工综合验收备案。

（一）选址定点阶段

此阶段一般办理以下事项：

(1) 发改委审查可行性研究报告和进行项目立项。

(2) 国土资源局进行土地利用总体规划和土地供应方式的审查。

(3) 建委办理投资开发项目建设条件意见书。

(4) 环保局办理生产性项目环保意见书(表)。

(5) 文化局、地震局、园林局、水利局对建设工程相关专业内容和范围进行审查。

(6) 规划部门办理项目选址意见书。

（二）规划总图审查及确定规划设计条件阶段

此阶段办理以下一般事项：

(1) 人防办进行人防工程建设布局审查。

(2) 国土资源局办理土地预审。

(3) 公安消防支队、公安交警支队、教育局、水利局、城管局、环保局、园林局、文化局对建设工程相关专业内容和范围进行审查。

(4) 规划部门对规划总图进行评审，核发《建设用地规划许可证》。

(5) 规划部门确定建设工程规划设计条件。

（三）初步设计和施工图设计审查阶段

此阶段办理以下一般事项：

(1) 规划部门对初步设计的规划要求进行审查。

(2) 公安消防支队对初步设计的消防设计进行审查。

(3) 公安局交警支队对初步设计的交通条件进行审查。

(4) 人防办对初步设计的人防设计进行审查。

(5) 国土资源局进行用地预审。

(6) 市政部门、环保局、卫生局、地震局等相关部门对初步设计的相关专业内容进行审查。

(7) 建委制发初步设计批复，并对落实初步设计批准文件的要求进行审查。

(8) 建委对施工图设计文件进行政策性审查，根据业主单位意见，核发技术性审查委托通知单。

(9) 建委根据施工图设计文件审查机构发出的《建设工程施工图设计文件审查报告》，发放《建设工程施工图设计文件审查批准书》。

（四）规划报建图审查阶段

此阶段办理以下一般事项：

(1) 公安消防支队进行消防设计审查。

(2) 人防办进行人防设施审查。

(3) 建委、市政部门、园林局、环保局、卫生局按职责划分对相关专业内容和范围进行审查。

(4) 规划部门对变更部分的规划设计补充核准规划设计条件,在建设单位缴纳有关规费后,核发《建设工程规划许可证》(副本)。

(五) 施工报建阶段

此阶段办理以下一般事项:

(1) 建设单位办理施工报建登记。

(2) 建设方对工程进行发包,确定施工队伍。招标类工程通过招标确定施工队伍,非招标类工程直接发包。

(3) 建委组织职能部门对工程开工条件进行审查,核发《建筑工程施工许可证》。

(六) 办理商品房预售许可证阶段

此阶段办理以下一般事项:由房地产管理部门办理预售登记,核发《商品房预售许可证》。房地产开发企业申请办理《商品房预售许可证》应当提交下列证件(复印件)及资料:

(1) 证明材料:① 已交付全部土地使用权出让金,取得土地使用权证书;② 持有建设工程规划许可证和施工许可证;③ 按提供预售的商品房计算,投入开发建设的资金达到工程建设总投资的 25%以上,并已经确定施工进度和竣工交付日期。

(2) 开发企业的营业执照和资质等级证书。

(3) 工程施工合同。

(4) 商品房预售方案。预售方案应当说明商品房的位置、装修标准、竣工交付日期、预售总面积、交付使用后的物业管理等内容,并应当附商品房预售意平面图、分层平面图。

(七) 建设工程竣工综合验收备案阶段

此阶段办理以下一般事项:

(1) 建筑工程质量监督站(机构)对建设单位提供的竣工验收报告进行备案审查。

(2) 财政部门对建设项目应缴纳的行政事业性收费和基金进行核实验收。

(3) 规划部门、市政部门、水利局、环保局、文化局、卫生局、公安消防支队、园林局以及其他需要参加验收的部门,按照法律、法规、规章的有关规定对相关专业内容和范围进行验收。规划部门根据上述部门和本部门验收情况核发《建设工程规划许可证》(正本)。

(4) 建委综合各部门验收、审查意见,对符合审核标准和要求的,出具建设工程项目竣工综合验收备案证明;不符合标准或要求的,作退件处理并要求限期整改。

三、房地产开发项目权属初始登记

(一) 核准房地产开发项目权属初始登记

由房管局核准新建商品房所有权初始(大产权证)登记。

(二) 房地产开发企业提交相关材料

房地产开发企业提交的相关材料包括:

(1) 申请书。

(2) 企业管业执照。

(3) 用地证明文件或者土地使用权证。

(4) 建设用地规划许可证。

(5) 建设工程规划许可证。

(6) 施工许可证。

(7) 房屋竣工验收资料。

(8) 房屋测绘成果。

(9) 根据有关规定应当提交的其他文件。

以上几个阶段,需增加或减少的相关事项及时限,各地根据实际情况,会有不同的差异。各个程序的办理时间,绝大部分都少于15天,一般在7天内。所需要的费用,由于相当部分属于地方收费,所以就不再明细列表。

第二节 房地产开发用地的获取方式

一、土地使用权划拨

(一) 土地使用权划拨的含义

土地使用权划拨,是指县级以上人民政府依法批准,在土地使用者缴纳补偿、安置等费用后将该幅土地交付其使用,或者将土地使用权无偿交付给土地使用者使用的行为。

依照法律规定以划拨方式取得土地使用权的,除法律、行政法规另有规定外,没有使用期限的限制。

(二) 土地使用权划拨的范围

下列建设用地的土地使用权,确属必需的,可以由县级以上人民政府依法批准划拨:

(1) 国家机关用地和军事用地;

(2) 城市基础设施用地和公益事业用地;

(3) 国家重点扶持的能源、交通、水利等项目的用地;

(4) 法律、行政法规规定的其他用地。

(三) 房地产开发中涉及的土地使用权划拨

《国务院关于进一步深化城镇住房制度改革加快住房建设的通知》(国发[1998]23号)第十四条规定:“经济适用住房建设应符合土地利用总体规划和城市总体规划,坚持合理利用土地、节约用地的原则。经济适用住房建设用地应在建设用地年度计划中统筹安排,并采取行政划拨方式供应。”

《关于加强土地供应管理促进房地产市场持续健康发展的通知》(国土资发[2003]356号)中规定:“经济适用住房用地,也应严格控制总量,审时度势,及时调控。”市、县国土资源管理部门要积极参与经济适用住房发展计划的编制工作,在年度房地产开发土地供应计划中合理确定经济适用住房土地供应量。经济适用房建设用地,要按照土地利用总体规划和城市规划的要求,合理布局,并按照政策规定,可以划拨方式提供土地。

二、土地使用权出让

(一) 土地使用权出让的含义

土地使用权出让,是指国家将国有土地使用权在一定年限内出让给土地使用者,由土地使用者向国家支付土地使用权出让金的行为。

(二) 土地使用权出让年限

应在土地使用权出让合同中明确土地使用权出让年限,但不能超过国家规定的最高年限。

土地使用权出让最高年限按下列用途确定:

(1) 居住用地70年;

(2) 工业用地50年;

(3) 教育、科技、文化、卫生、体育用地50年;

(4) 商业、旅游、娱乐用地40年;

(5) 综合或者其他用地50年。

(三) 土地使用权出让方式

土地使用权出让,可以采取招标、拍卖、挂牌或者双方协议的方式。出让国有土地使用权,除依照法律、法规和规章的规定应当采用招标、拍卖或者挂牌方式外,还可采取协议方式。商业、旅游、娱乐和商品住宅等各类经营性用地,必须以招标、拍卖或者挂牌方式出让。经营性用地以外用途的土地的供地计划公布后,同一宗地有两个以上意向用地者的,也应当采用招标、拍卖或者挂牌方式出让。

1. 协议出让国有土地使用权

协议出让国有土地使用权,是指国家以协议方式将国有土地使用权在一定年限内出让给土地使用者,由土地使用者向国家支付土地使用权出让金的行为。

协议出让国有土地使用权的有关规定如下:

(1) 以协议方式出让国有土地使用权的出让金不得低于按国家规定所确定的最低价。低于最低价时国有土地使用权不得出让。

(2) 协议出让最低价不得低于新增建设用地的土地有偿使用费、征地(拆迁)补偿费用以及按照国家规定应当缴纳的有关税费之和;有基准地价的地区,协议出让最低价不得低于出让地块所在级别基准地价的70%。

(3) 对符合协议出让条件的,市、县人民政府国土资源行政主管部门会同城市规划等有关部门,依据国有土地使用权出让计划、城市规划和意向用地者申请的用地项目类型、规模等,制定协议出让土地方案。协议出让土地方案应当包括拟出让地块的具体位置、界址、用途、面积、年限、土地使用条件、规划设计条件、供地时间等。

(4) 协议出让土地方案和底价经有批准权的人民政府批准后,市、县人民政府国土资源行政主管部门应当与意向用地者就土地出让价格等进行充分协商,协商一致且议定的出让价格不低于出让底价的,方可达成协议。

(5) 市、县人民政府国土资源行政主管部门应当根据国家产业政策和拟出让地块的情况,按照《城镇土地估价规程》的规定,对拟出让地块的土地价格进行评估,经市、县人民政府国土资源行政主管部门集体决策，合理确定协议出让底价。协议出让底价不得低于协议出让最低价。协议出让底价确定后应当保密，任何单位和个人不得泄露。

2. 招标出让国有土地使用权

招标出让国有土地使用权，是指市、县人民政府土地行政主管部门（以下简称出让人）发布招标公告，邀请特定或者不特定的公民、法人和其他组织参加国有土地使用权投标，根据投标结果确定土地使用者的行为。

(1) 招标公告应当包括下列内容：

① 出让人的名称和地址；

② 出让宗地的位置、现状、面积、使用年期、用途、规划设计要求；

③ 投标人的资格要求及申请取得投标资格的办法；

④ 索取招标出让文件的时间、地点及方式；

⑤ 招标时间、地点、投标期限、投标方式等；

⑥ 确定中标人的标准和方法；

⑦ 投标保证金；

⑧ 其他需要公告的事项。

(2) 投标、开标应依照下列程序进行：

① 投标人在投标截止时间前将标书投入标箱。招标公告允许邮寄标书的，投标人可以邮寄，但出让人在投标截止时间前收到的方为有效。标书投入标箱后，不可撤回。投标人应对标书和有关书面承诺承担责任。

② 出让人按照招标公告规定的时间、地点开标，邀请所有投标人参加。由投标人或者其推选的代表检查标箱的密封情况，当众开启标箱，宣布投标人名称、投标价格和投标文件的主要内容。投标人少于 3 人的，出让人应当重新招标。

③ 评标小组进行评标。评标小组由出让人代表、有关专家组成，成员人数为 5 人以上的单数。评标小组可以要求投标人对投标文件作出必要的澄清或者说明，但是澄清或者说明不得超出投标文件的范围或者改变投标文件的实质性内容。评标小组应当按照招标文件确定的评标标准和方法，对投标文件进行评审。

④ 招标人根据评标结果确定中标人。

3. 拍卖出让国有土地使用权

拍卖出让国有土地使用权，是指出让人发布拍卖公告，由竞买人在指定的时间、地点进行公开竞价，根据出价结果确定土地使用者的行为。

(1) 拍卖公告应当包括下列内容：

① 出让人的名称和地址；

② 出让宗地的位置、现状、面积、使用年期、用途、规划设计要求；

③ 竞买人的资格要求及申请取得竞买资格的办法；

④ 索取拍卖出让文件的时间、地点及方式；

⑤ 拍卖时间、地点、竞价方式等；

⑥ 确定竞得人的标准和方法；

⑦ 竞买保证金；

⑧ 其他需要公告的事项。

(2) 拍卖应依照下列程序进行：

① 主持人点算竞买人。

② 主持人介绍拍卖宗地的位置、面积、用途、使用年期、规划要求和其他有关事项。

③ 主持人宣布起叫价和增价规则及增价幅度。没有底价的，应当明确提示。

④ 主持人报出起叫价。

⑤ 竞买人举牌应价或者报价。

⑥ 主持人确认该应价后继续竞价。

⑦ 主持人连续3次宣布同一应价而没有再应价的，主持人落槌表示拍卖成交。

⑧ 主持人宣布最高应价者为竞得人。

竞买人不足3人，或者竞买人的最高应价未达到底价时，主持人应当终止拍卖。拍卖主持人在拍卖中可根据竞买人竞价情况调整拍卖增价幅度。

4. 挂牌出让国有土地使用权

挂牌出让国有土地使用权，是指出让人发布挂牌公告，按公告规定的期限将拟出让宗地的交易条件在指定的土地交易场所挂牌公布，接受竞买人的报价申请并更新挂牌价格，根据挂牌期限截止时的出价结果确定土地使用者的行为。

(1) 挂牌公告应当包括下列内容：

① 出让人的名称和地址；

② 出让宗地的位置、现状、面积、使用年期、用途、规划设计要求；

③ 竞买人的资格要求及申请取得竞买资格的办法；

④ 索取挂牌出让文件的时间、地点及方式；

⑤ 挂牌时间、地点、挂牌期限、竞价方式等；

⑥ 确定竞得人的标准和方法；

⑦ 竞买保证金；

⑧ 其他需要公告的事项。

(2) 挂牌应依照以下程序进行：

① 在挂牌公告规定的挂牌起始日，出让人将挂牌宗地的位置、面积、用途、使用年限、规划要求、起始价、增价规则及增价幅度等，在挂牌公告规定的土地交易场所挂牌公布；

② 符合条件的竞买人填写报价单报价；

③ 出让人确认该报价后，更新显示挂牌价格；

④ 出让人继续接受新的报价；

⑤ 出让人在挂牌公告规定的挂牌截止时间确定竞得人。

(3) 挂牌时间不得少于10个工作日。挂牌期限届满，按照下列规定确定是否成交：

① 在挂牌期限内只有一个竞买人报价，且报价高于底价，并符合其他条件的，挂牌成交。

② 在挂牌期限内有两个或者两个以上的竞买人报价的，出价最高者为竞得人；报价相同的，先提交报价单者为竞得人，但报价低于底价者除外。

③ 在挂牌期限内无应价者或者竞买人的报价均低于底价或均不符合其他条件的，挂牌不成交。

④ 在挂牌期限截止时仍有两个或者两个以上的竞买人要求报价的，出让人应当对挂牌宗地

进行现场竞价,出价最高者为竞得人。

三、土地使用权转让

土地使用权转让是指土地使用者将土地使用权再转移的行为,包括出售、交换和赠与。

房地产开发企业一般通过出售方式取得转让地块的土地使用权。土地使用权转让的有关规定如下:

(1) 土地使用权转让应当签订转让合同。土地使用权转让时,土地使用权出让合同和登记文件中所载明的权利、义务随之转移。未按土地使用权出让合同规定的期限和条件投资开发、利用土地的,土地使用权不得转让。

(2) 土地使用权转让时,其地上建筑物、其他附着物所有权随之转让。

(3) 土地使用者通过转让方式取得的土地使用权,其使用年限为土地使用权出让合同规定的使用年限减去原土地使用者已使用年限后的剩余年限。

(4) 土地使用权和地上建筑物、其他附着物所有权转让,应当依照规定办理过户登记。

(5) 土地使用权转让价格明显低于市场价格的,市、县人民政府有优先购买权。土地使用权转让的市场价格不合理上涨时,市、县人民政府可以采取必要的措施。

(6) 土地使用权转让后,土地使用者需要改变土地使用权出让合同规定的土地用途的,应当征得出让方同意并经土地管理部门和城市规划部门批准,依照有关规定重新签订土地使用权出让合同,调整土地使用权出让金,并办理登记。

第三节 房地产开发用地获取中的农地征收和城市房屋拆迁

一、农地征收

(一) 农地征收的含义

农地征收是指为了满足公共公益事业发展的需要和城市规划建设的需要,政府依靠国家权力强制转移农村集体土地所有权并对原权利人给予合理经济补偿的一种行政行为。

农地征收具有三个明显的特点:

(1) 有一定的强制性,农地征收是国家的特有行为,被征地单位必须服从国家的需要;

(2) 要妥善安置被征地单位及人员的生产和生活,用地单位须对被征地单位给予合理的经济补偿;

(3) 被征收后的土地所有权发生了转移,即由集体所有的土地变为国家所有的土地。

(二) 农用地转用审批手续

建设占用土地,涉及农用地转为建设用地的,应当办理农用地转用审批手续。

省、自治区、直辖市人民政府批准的道路、管线工程和大型基础设施建设项目、国务院批准的建设项目占用土地,涉及农用地转为建设用地的,由国务院批准。

在土地利用总体规划确定的城市和村庄、集镇建设用地规模范围内,为实施该规划而将农用地转为建设用地的,按土地利用年度计划分批次由原批准土地利用总体规划的机关批准。在已批准的农用地转用范围内,具体建设项目用地可以由市、县人民政府批准。

其他情况下的建设项目占用土地,涉及农用地转为建设用地的,由省、自治区、直辖市人民政府批准。

(三) 农地征收审批权限

征收下列土地的,应由国务院批准:① 基本农田;② 基本农田以外的耕地超过 35 公顷的;③ 其他土地超过 70 公顷的。

征收上述规定以外土地的,由省、自治区、直辖市人民政府批准,并报国务院备案。

征收农用地的,应当依照有关规定先行办理农用地转用审批。其中,经国务院批准农用地转用的,同时办理征地审批手续,不再另行办理征地审批;经省、自治区、直辖市人民政府在征地批准权限内批准农用地转用的,同时办理征地审批手续,不再另行办理征地审批,超过征地批准权限的,应当依照规定另行办理征地审批。

征收土地方案经依法批准后,由被征收土地所在地的市、县人民政府组织实施,并将批准征地机关、批准文号、征收土地的用途、范围、面积以及征地补偿标准、农业人员安置办法和办理征地补偿的期限等,在被征收土地所在地的乡(镇)、村予以公告。

被征收土地的所有权人、使用权人应当在公告规定的期限内,持土地权属证书到公告指定的人民政府土地行政主管部门办理征地补偿登记。

市、县人民政府土地行政主管部门根据经批准的征收土地方案,会同有关部门拟订征地补偿、安置方案,在被征收土地所在地的乡(镇)、村予以公告,听取被征收土地的农村集体经济组织和农民的意见。征地补偿、安置方案报市、县人民政府批准后,由市、县人民政府土地行政主管部门组织实施。对补偿标准有争议的,由县级以上地方人民政府协调;协调不成的,由批准征收土地的人民政府裁决。征地补偿、安置争议不影响征收土地方案的实施。

征收土地的各项费用应当自征地补偿、安置方案批准之日起 3 个月内全额支付。

(四) 征地补偿标准

国家保护耕地,严格控制耕地转为非耕地。国家实行占用耕地补偿制度。非农业建设经批准占用耕地的,按照“占多少,垦多少”的原则,由占用耕地的单位负责开垦与所占耕地的数量和质量相当的耕地;没有条件开垦或者开垦的耕地不符合要求的,应当按照省、自治区、直辖市的规定缴纳耕地开垦费,专款用于开垦新的耕地。

征收土地的,按照被征收土地的原用途给予补偿。征收耕地的补偿费用包括土地补偿费、安置补助费以及地上附着物和青苗补偿费。征收耕地的土地补偿费,为该耕地被征收前 3 年平均年产值的 6～10 倍。征收耕地的安置补助费,按照需要安置的农业人口数计算。需要安置的农业人口数,按照被征收的耕地数量除以征地前被征收单位平均每人占有耕地的数量计算。每一个需要安置的农业人口的安置补助费标准,为该耕地被征收前 3 年平均年产值的 4～6 倍。但是,每公顷被征收耕地的安置补助费,最高不得超过被征收前 3 年平均年产值的 15 倍。

征收其他土地的土地补偿费和安置补助费标准,由省、自治区、直辖市参照征收耕地的土地补偿费和安置补助费的标准规定。

被征收土地上的附着物和青苗的补偿标准,由省、自治区、直辖市规定。

征收城市郊区的菜地,用地单位应当按照国家有关规定缴纳新菜地开发建设基金。

土地补偿费归农村集体经济组织所有;地上附着物及青苗补偿费归地上附着物及青苗的所

有者所有。

征收土地的安置补助费必须专款专用，不得挪作他用。需要安置的人员由农村集体经济组织安置的，安置补助费支付给农村集体经济组织，由农村集体经济组织管理和使用；由其他单位安置的，安置补助费支付给安置单位；不需要统一安置的，安置补助费发放给被安置人员个人或者征得被安置人员同意后用于支付被安置人员的保险费用。

[例 3-1]　某一房地产开发企业拟获得某城市规划区内一农民集体所有的地块建设经济适用住房。该农民集体经济组织原耕地面积为 80 公顷，农业人口为 600 人，现征收耕地 20 公顷，该地块征收前 3 年每公顷年产值分别为 3 万元、3.2 万元、3.4 万元。经商定，土地补偿费为该耕地被征收前 3 年平均年产值的 8 倍；每一个需要安置的农业人口的安置补助费标准，为该耕地被征收前 3 年平均年产值的 5 倍，被征收土地上的附着物及青苗补偿费为 20 万元，征收耕地的耕地开垦费为 60 万元。根据《中华人民共和国土地管理法》，试回答以下问题：

(1) 该地块被征收应由政府的哪一级部门批准？

(2) 需要安置的农业人口数有多少？安置补助费为多少？

(3) 征收耕地补偿费用为多少？

(4) 该房地产开发企业支付的费用为多少？

解：

(1) 征收耕地面积为 20 公顷：

① 若此耕地属于基本农田保护区的耕地，由国务院批准。

② 若此耕地不属于基本农田保护区的耕地，由省、自治区、直辖市人民政府批准，并报国务院备案。

(2) 计算需要安置的农业人口数和安置补助费：

$$\text{需要安置的农业人口数}=\frac{20}{80/600}=150(\text{人})$$

$$\text{该耕地被征收前 3 年的平均年产值}=\frac{3+3.2+3.4}{3}=3.2(\text{万元/公顷})$$

$$\text{安置补助费}=150\times\frac{20}{150}\times3.2\times5=320(\text{万元})$$

(3) 计算耕地补偿费用：

$$\text{土地补偿费}=20\times8\times3.2=512(\text{万元})$$

由于地上附着物和青苗补偿费为 20 万元，安置补助费为 320 万元，则：

$$\text{耕地补偿费用}=512+20+320=852(\text{万元})$$

(4) 计算该房地产开发企业支付的费用：

$$\begin{aligned}\text{该房地产开发企业支付的费用}&=\text{耕地补偿费用}+\text{耕地开垦费}\\&=852+60=912(\text{万元})\end{aligned}$$

二、城市房屋拆迁

旧城改造也是房地产开发的主要任务之一。随着社会经济的发展，旧城改造任务愈显迫切，在旧城改造的过程中，涉及房屋拆迁的问题也愈来愈多，有的甚至发生了冲突。如何做好拆迁与安置工作，是城市房地产开发前期准备工作的重要环节。

一般而言，拆迁是指国家按有关法定程序收回土地使用权或改变土地使用性质时，按照有关法律、法规和规章的规定转移他人所有的房地产权益的行为过程。

（一）城市房屋拆迁程序

城市房屋拆迁程序主要如下。

1. 房屋拆迁申请

无论单位或个人因从事建设项目需要进行房屋拆迁的，均需要向被拆除房屋所在地的市、县人民政府房屋拆迁管理部门提出拆迁申请，并同时提交下列材料：建设项目批准文件、建设用地规划许可证、国有土地使用权批准文件、拆迁计划或拆迁方案、金融机构出具的拆迁补偿安置资金证明。

拆迁计划和拆迁方案是拆迁申请的组成部分，其内容必须确切地说明拆迁的范围，拆迁的对象，拆迁的实施步骤，对拆迁范围内的被拆迁居民、机关、团体、企事业单位的补偿安置方案，安置房和临时安置周转房的房源情况，涉及拆迁的各项补偿费、安置费的预算情况，以及拆迁期限、具体时间安排等。

2. 房屋拆迁审批

市、县人民政府房屋拆迁管理部门应当自收到拆迁申请之日起 30 日内，对申请事项进行审查。经审查符合条件的，房屋拆迁主管部门发给拆迁申请人房屋拆迁许可证。

房屋拆迁管理部门在发放房屋拆迁许可证的同时，应当将房屋拆迁许可证中载明的拆迁人、拆迁范围、拆迁期限等事项，以房屋拆迁公告的形式予以公布。房屋拆迁管理部门和拆迁人应当及时向被拆迁人做好宣传和解释工作。

3. 签订拆迁补偿和安置协议

在房地产主管部门审查、审批拆迁并发放房屋拆迁许可证后，房屋拆迁人应与被拆迁人按照规定就补偿、安置等问题签订书面协议。拆迁租赁房屋的，拆迁人应当与被拆迁人、房屋承租人订立拆迁补偿安置协议。补偿安置协议应当规定补偿方式和补偿金额、安置用房面积和安置地点、搬迁期限、搬迁过渡方式和过渡期限以及违约责任等事项。

拆迁补偿安置协议的主要内容包括：被拆除房屋的坐落地点、面积和用途；补偿方式；补偿金额；安置用房面积和安置地点；搬迁过渡方式及期限；违约责任；解决争议的方式。

房屋拆迁补偿安置协议的主要特征包括：协议当事人是特定主体，即拆迁人必须是经过有关部门批准的单位和个人，被拆迁人必须是列入拆迁范围的房屋所有人或使用人；协议签订有严格的时间限制；协议签订有相对的强制性。

补偿、安置协议订立后，可以向公证机关办理公证，并送房屋拆迁主管部门备案。拆迁依法代管的房屋，代管人是房屋拆迁主管部门的，补偿、安置协议必须经公证机关公证，并办理证据保全。

4. 实施拆迁

拆迁人必须在拆迁许可证规定的拆迁范围和拆迁期限内进行拆迁，不得超越拆迁范围和拆迁期限。拆迁人可以自行拆迁，也可以委托具有拆迁资格的单位实施拆迁。房屋拆迁管理部门不得作为拆迁人，不得接受拆迁委托。

拆迁人委托拆迁的，应当向被委托的拆迁单位出具委托书，并订立拆迁委托合同。拆迁人应当自拆迁委托合同订立之日起 15 日内，将拆迁委托合同报房屋拆迁管理部门备案。被委托的拆迁单位不得转让拆迁业务。

5. 监督检查

《城市房屋拆迁管理条例》第十七条规定："房屋拆迁主管部门应对房屋拆迁活动进行检查。被检查者应如实提供情况和资料，检查者有责任为被检查者保守技术和业务秘密。"因此，在房屋拆迁具体实施过程中，行政主管部门应对拆迁人的实施情况进行监督和检查。此外，房屋拆迁行政主管部门应对批准的拆迁项目有关资料，按要求进行归档保存。

（二）城市房屋拆迁补偿

1. 城市房屋拆迁补偿对象

房屋拆迁补偿关系到拆迁当事人的经济利益，根据我国《宪法》规定，国家、全民、集体所有的财产受法律保护，国家保护公民的合法收入、储蓄、房屋等合法财产的所有权。房屋被拆除，给被拆迁房屋的所有人造成了一定的财产损失。为保护被拆除房屋所有人的合法权益，拆迁人应当对被拆除房屋及其附属物的所有人（包括代管人、国家授权的国有房屋及其附属物的管理人）给予补偿。所有人既包括公民，也包括法人。

2. 城市房屋拆迁补偿形式

房屋拆迁补偿有两种方式，即货币补偿和房屋产权调换。货币补偿是指拆迁人将被拆迁房屋按照房地产市场评估价格，以货币结算方式补偿给被拆除房屋的所有人。货币补偿的金额，根据被拆迁房屋的区位、用途、建筑面积等因素，以房地产市场评估价格确定。房屋产权调换是指拆迁人用自己建造或购买的产权房屋与被拆迁房屋进行调换产权，并按拆迁房屋的评估价和调换房屋的市场价进行结算调换差价的行为。

《城市房屋拆迁管理条例》规定："拆除非公益事业房屋的附属物，不作产权调换，由拆迁人给予货币补偿。拆迁租赁用房时被拆迁人与房屋承租人对解除租赁关系达不成协议时，拆迁人应当对被拆迁人实行房屋产权调换。除上述两种情况外，被拆迁人可以选择拆迁补偿方式。"

3. 特殊情况的房屋拆迁补偿

（1）出租房屋的拆迁补偿。拆迁租赁房屋，被拆迁人与房屋承租人解除租赁关系的，或者被拆迁人对房屋承租人进行安置的，拆迁人对被拆迁人给予补偿。被拆迁人与房屋承租人对解除租赁关系达不成协议的，拆迁人应当对被拆迁人实行房屋产权调换。产权调换的房屋由原房屋承租人承租，被拆迁人应当与原房屋承租人重新订立房屋租赁合同。

（2）产权不明确房屋的拆迁补偿。拆迁产权不明确的房屋，拆迁人应当提出补偿安置方案，报房屋拆迁管理部门审核同意后实施拆迁，拆迁前拆迁人应当就被拆迁房屋的有关事项向公证机关办理证据保全。

（3）设有抵押权房屋的拆迁补偿。《城市房屋拆迁管理条例》规定："拆迁设有抵押权的房屋，依照国家有关担保的法律执行。抵押当事人就解除抵押关系或重新设定抵押物达成协议的，拆迁补偿按正常情况进行；抵押当事人无法达成协议的，按照法律规定的清偿顺序进行清偿，不足清偿抵押权人的，抵押权人按照有关担保的法律规定，可向抵押人进行追偿，抵押权因房屋灭失而消失。"

（4）拆迁公益事业房屋及其附属物的补偿。公益事业一般指文教、卫生及社会公共福利方面的非生产性事业，拆迁公益事业用房的，拆迁人应当依照有关法律、法规的规定和城市规划的要求予以重建，或者给予货币补偿。

(5) 临时建筑、违章建筑的拆迁补偿。临时建筑必须在批准的使用期限内拆除。因此,拆除已超过批准使用期限的临时建筑,不给予补偿。对于尚没有超过批准使用年限的临时建筑,可考虑临时建筑在使用期内的残值和剩余合法使用期的长短,给予适当补偿。违章建筑的存在是不合法的,拆除违章建筑坚决不予补偿。

(三) 城市房屋拆迁安置

1. 城市房屋拆迁安置对象

拆迁人在拆迁活动中除对被拆迁房屋的所有人给予补偿外,还应对被拆除房屋的使用人给予安置,以切实保障被拆除房屋使用人的使用权。因此,安置的对象是被拆除房屋的使用人,而不是所有人。

2. 城市房屋拆迁安置的相关规定

根据《城市房屋拆迁管理条例》规定,拆迁人应当提供符合国家质量安全标准的房屋,用于拆迁安置。其主要规定如下:“拆迁人应当对被拆迁人或者房屋承租人支付搬迁补助费;在过渡期限内,被拆迁人或者房屋承租人自行安排住处的拆迁人应当支付临时安置补助费;被拆迁人或者房屋承租人使用拆迁人提供的周转房的,拆迁人不支付临时安置补助费;搬迁补助费和临时安置补助费的标准,由省、自治区、直辖市人民政府规定;拆迁人不得擅自延长过渡期限,周转房的使用人应当按时腾退周转房;因拆迁人的责任延长过渡期限的,对自行安排住处的被拆迁人或者房屋承租人,应当自逾期之月起增加临时安置补助费;对周转房的使用人,应当自逾期之月起付给临时安置补助费;因拆迁非住宅房屋造成停产、停业的,拆迁人应当给予适当补偿。”

3. 城市房屋拆迁纠纷的处理

拆迁人与被拆迁人对拆迁补偿形式和补偿金额、安置用房面积和安置地点、搬迁过渡方式和过渡期限,经协商达不成协议的,经拆迁当事人提出申请,由批准拆迁的房屋主管部门裁决。房屋拆迁管理部门是被拆迁人的,由同级人民政府裁决。《城市房屋拆迁行政裁决工作规程》对行政裁决的程序和要求作出了明确规定:行政裁决应当以事实为依据、以法律为准绳,坚持公平、公正、及时的原则。

当事人对行政裁决不服的,可以依法申请行政复议或者向人民法院起诉。为了不影响拆迁工作的顺利进行,当拆迁人已根据规定对被拆迁人给予货币补偿或者提供拆迁安置用房、周转用房的,诉讼期间不停止拆迁的执行。

被拆迁人或者房屋承租人在裁决规定的搬迁期限内未搬迁的,由市、县人民政府责成有关部门行政强制拆迁,或者由房屋拆迁管理部门依法申请人民法院强制拆迁。根据《城市房屋拆迁行政裁决工作规程》规定,房屋拆迁管理部门申请行政强制拆迁前,应当邀请有关管理部门、拆迁当事人代表以及具有社会公信力的代表等,对行政强制拆迁的依据、程序、补偿安置标准的测算依据等内容进行听证。

房屋拆迁管理部门申请行政强制拆迁,必须经领导班子集体讨论决定后,方可向政府提出行政强制拆迁申请。未经行政裁决,不得实施行政强制拆迁。

拆迁人未按裁决意见向被拆迁人提供拆迁补偿资金或者符合国家质量安全标准的安置用房、周转用房的,不得实施强制拆迁。

第四节　房地产开发中规划设计方案的评价

一、房地产开发项目规划设计方案评价的特点

(一) 评价主体的多元性

房地产开发项目规划设计方案的评价主体除开发者(开发企业)本身外,还涉及使用者(城市居民)、管理者(城市规划管理部门)、设计者和施工者。不同的评价主体,对方案的评价目标与准则往往不尽一样,因而导致不同的评价结果。比如,城市规划管理部门从代表城市社会公众利益出发,以城市建设必须服从城市总体规划为原则,尽可能照顾到局部的特点,对设计方案进行评价;设计方案通过行政审批认可后,项目才能建设实施。因此,城市规划管理部门对开发项目的评价意见至关重要。同时,设计者和施工者对设计方案的理解和看法也是不容忽视的,前者通过构思,从开发项目的适用性、经济性和美观性等方面,表达开发者的意图;后者从建设实施的角度,对开发项目施工的可能性、功效进行评价,这两者都直接关系到开发项目的效益。因此,他们也是重要的评价者。而开发者欲获得良好的经济效益,其开发项目必须能得到使用者的认可,因此使用者对开发项目的意见是极为重要的。

(二) 评价目标的多样性

开发项目规划设计的目标不是单一的,而是多样的。评价规划设计方案,不能以经济效益目标作为唯一的标准,应同时兼顾社会效益和环境效益,以综合效益的好坏作为方案取舍的标准。

1. 效益的综合性

由于城市中存在着广泛的外部性,城市中各项开发建设活动客观上对城市社会产生影响,为了提高房地产开发活动的外在效益和减少其外在成本,代表广大城市居民利益的城市规划管理部门必须在考虑土地利用的经济效益的同时,保证土地开发利用的社会效益和环境效益。

2. 多目标密切相关

开发项目的经济效益、社会效益和环境效益三者之间有着密切的关系,既有矛盾的一面,又有统一的一面。如开发低档住房,虽然收益率较高档住房低,但用户多,需求量大,风险小,因而仍然能取得良好的经济效益;再如良好的小区环境可增加用户购房的吸引力。

(三) 评价结论的不确定性

1. 评价者的主观性

房地产开发项目规划设计方案标准的评价指标体系中,有很多指标难以定量描述,只能根据主管的判断来确定,评价者由于经验、价值观和专业水平存在着差异,往往对同一个方案,不同的评价者所作的评价结论也不尽一样。

2. 项目未来情况的不确定性

对规划设计方案的评价,实际上是对方案实施后所取得的效益进行评估,由于设计方案未经实施,因而对未来情况难以准确描述,只能通过评价者对规划设计的图纸、模型等进行分析、设想,从而作出主观判断。因此,很难保证这种预测性的判断是非常准确的。

二、房地产开发项目规划设计方案评价的步骤

房地产开发项目规划设计方案的主要步骤如下：

(1) 明确评价目标。房地产开发企业应选定对开发项目规划设计方案进行综合评价，还是侧重于对规划设计方案的可行性进行经济评价。一般情况下，综合评价用于实施的规划设计方案，而在可行性研究阶段侧重于通过技术经济指标的分析来选择规划设计方案。

(2) 选择评价的指标体系。

(3) 选定合适的评价方法。

(4) 比较分析并优选方案。

三、房地产开发项目规划设计方案评价指标体系

房地产开发项目规划设计方案评价指标体系有多种，这里以居住小区开发项目规划设计方案的评价指标体系为例进行介绍。居住小区开发项目规划设计方案的评价指标体系可分为用地面积指标和主要技术经济指标。

(一) 用地面积指标

居住小区用地面积是指小区内住宅建筑、公共建筑、道路和绿化等所占的土地面积。通过小区用地平衡表，分析各类用地所占的比重，从而评价土地利用的合理性和经济性。某居住小区用地平衡表如表 3-1 所示。

表 3-1　某居住小区用地平衡表

项目	面积(公顷)	人均面积(平方米/人)	百分比(%)
总用地	17.10	16.18	100
住宅用地	10.34	9.78	60.45
公建用地	3.57	3.38	20.00
道路用地	1.24	1.17	8.14
绿化用地	1.95	1.85	11.41

(二) 主要技术经济指标

1. 住宅平均层数

住宅平均层数是指各种住宅层数的平均值，按各种层数住宅的建筑面积与占地面积之比计算。其计算公式如下：

$$平均层数=\frac{总建筑面积}{总用地面积}$$

2. 住宅建筑净密度

住宅建筑净密度是指住宅建筑基底总面积与住宅用地面积之比。其计算公式如下：

$$住宅建筑净密度=\frac{住宅建筑基底总面积}{住宅用地面积}\times 100\%$$

3. 住宅建筑面积净密度

住宅建筑面积净密度是指住宅总面积与住宅用地面积之比。其计算公式如下：

$$住宅建筑面积净密度=\frac{住宅总面积}{住宅用地面积}$$

4. 住宅建筑面积毛密度

住宅建筑面积毛密度是指住宅总建筑面积与居住用地面积之比。其计算公式如下：

$$住宅建筑面积毛密度=\frac{住宅总建筑面积}{居住用地面积}$$

5. 人口净密度

人口净密度是指每公顷居住用地上所容纳的居住人数。其计算公式如下：

$$人口净密度=\frac{居住人数}{居住用地面积}(人/公顷)$$

人口净密度与平均每人住宅建筑面积有关，在相同住宅建筑面积密度条件下，平均每人住宅建筑面积越高，则人口密度相对越低。

6. 平均每人、每户居住用地面积

平均每人、每户居住用地面积的计算公式如下：

$$平均每人(每户)居住用地面积=\frac{居住建筑用地面积}{居住总人数(或总户数)}(平方米/人或户)$$

7. 建筑密度

建筑密度是指项目用地范围内所有基底面积之和与规划建设用地面积之比。其计算公式如下：

$$建筑密度=\frac{用地范围内所有基底面积之和}{规划建设用地面积}$$

8. 容积率(又称建筑面积密度)

容积率是指每平方米开发小区用地上建造的建筑面积。其计算公式如下：

$$容积率=\frac{开发小区内总建筑面积}{小区总用地面积}$$

9. 绿化覆盖率

绿化覆盖率是指在建设用地范围内全部绿化种植物水平投影面积之和与建设用地面积的比率。其计算公式如下：

$$绿化覆盖率=\frac{全部绿化种植物水平投影面积之和}{建设用地面积}\times 100\%$$

10. 人均公共绿地面积

人均公共绿地面积指住宅区内平均每人占有的公共绿地面积。它是衡量一个住宅区绿化水平的重要指标之一。其计算公式如下：

$$人均公共绿地面积=\frac{住宅区内公共绿地总面积}{住宅区内总人口}(平方米/人)$$

四、综合评分法在开发项目规划设计方案评价中的应用

房地产开发项目规划设计方案评价是一种综合评价，即追求目标综合效果的评价。在规划设计阶段对开发项目的评价，一方面，根据可行性研究的结果，审查开发项目规划设计的技术经济指标；另一方面，对开发项目的社会和环境效益也要进行评价，而后者往往是定性判别。为便于对方案进行综合评价，综合评分法、层次分析法等几种方法都对定性指标作了量化处理。鉴于

本书的主要使用对象，在此，介绍一下综合评分法在开发项目规划设计方案评价中的应用。

综合评分法的具体方法是：对规划设计方案的各项评价指标进行评分，其中定性指标采取专家打分，定量指标则转化为相应的评分，最后将各项指标的得分累加，求出该方案的综合评分值。例如，假设有 K 个方案，每个方案有 n 个评价指标，V_i^k 为第 k 个方案第 i 个指标的评分，则第 k 个方案的综合评分值为：

$$V^k=\sum_{i=1}^{n}V_i^k \qquad k=1,2,\cdots,K$$

若对评价指标依其重要性赋予不同的权重 $W_i(i=1,2,\cdots,n)$，则综合评分值为：

$$V^k=\sum_{i=1}^{n}W_iV_i^k \qquad k=1,2,\cdots,K$$

综合评价值最大的方案为最优方案。

表 3-2 为国家康居住宅示范工程规划设计方案评价的评分表。

表 3-2　国家康居住宅示范工程规划设计方案评分表

项目	评审内容	指标权重	评分分值	实际得分
规划结构(25%)	住宅区选址得当，避免不良的环境影响，环境和城市景观相协调	5%		
	小区规划布局功能分区明确，用地配置合理，布局结构清晰，整体协调有序	8%		
	合理利用原有地形、地物，因地制宜，体现小区特色	6%		
	小组的组织结构方便居民生活，有利邻里交往，方便物业管理的需要	6%		
住宅群体(15%)	住宅不仅满足日照、通风等要求，保证室内外环境质量，还做到了节地、节能	6%		
	小区空间层次清楚、丰富多样，有利于邻里交往和居民生活得安静与安全	5%		
	空间尺度宜人，体现地方文化特色和城市文明	4%		
道路与交通(20%)	小区内道路系统构架清楚，分级明确，与城市公交系统有机衔接，方便与外界联系	4%		
	小区主次入口设置符合城市人流方向	4%		
	小区道路简明、顺畅，能避免区外交通穿越，同时能满足消防、救护、抗灾、避灾等要求，道路断面选择合理	4%		
	组织好区内人行与车行关系，减少人车的互相干扰，保障居住环境质量和军民安全；车位布局合理，数量充足	4%		
	小区内道路设计符合无障碍通行的规定	4%		

续表

项目	评审内容	指标权重	评分分值	实际得分
绿地与室外环境(20%)	小区绿地率满足30%的要求，并尽可能采用多种手法，如垂直绿化、屋顶绿化等扩大绿化覆盖率	6%		
	公共绿地位置适当，并做到集中绿地与分散绿地相结合，观赏性与实用性相结合，方便居民使用	6%		
	景观环境设计注意点、线、面的结合，并重点处理好公共绿地、道路沿线及入口等重要部位景观设计	4%		
	小区空间形态美观并具有识别性	4%		
公共建筑与服务设施(15%)	小区公共服务设施配套齐全，布局合理；方便居民日常使用，并避免对居民生活造成干扰	8%		
	小区公共建筑平面功能合理，造型美观、新颖，并与小区环境相协调	7%		
技术经济指标(5%)	各种指标齐全、真实，符合国家有关规定	5%		
总　计		100%		

第五节　前期房地产开发资金筹措

一、房地产开发资金筹措的基本原则

房地产开发资金的筹集，应保证房地产开发资金投入与回收在时间上、数量上的协调平衡，从而保证资金循环运动和房地产开发项目建设的顺利进行。房地产开发资金筹措的基本原则主要有以下四项：

（一）安全性原则

房地产开发资金筹措的直接后果是形成了房地产开发企业的负债，对企业而言，负债经营要承担相应的风险。从金融角度来看，筹措资金要考虑利率变动、汇率变动的风险，同时也要考虑到影响企业财务状况和偿债能力的举债规模、举债方式、偿债期限、利润高低等因素。因此，房地产开发企业在筹集资金过程中，必须全面地、理性地衡量项目现有或预期的收益能力和偿债能力，使房地产开发企业的权益资本和债务资本保持合理的比例，负债率和还债率控制在一定的范围之内，降低房地产开发企业的财务风险。

（二）时机适当原则

房地产项目开发过程中，随着工程进度逐步投入资金，其资金占用呈现逐步增加的形态，所以，如果全部工程所需资金筹措一步到位，在相当长一个阶段内会出现资金过多；反之，如果资金筹措跟不上工程进度需要，甚至工程建到中途筹措不到资金，也会带来严重的后果。因此，在房地产开发筹集资金过程中，必须根据房地产项目的投资时间和投资需要（年度或分期）安排适当合理的筹集时机和规模，从而避免因获得资金过早而造成资金闲置，或因筹资时间滞后而影响房地产开发项目正常进行。

（三）经济性原则

经济性原则是指在制定筹资方案，进行筹资决策时，应当从经济利益上来判断筹资方案的可行性。首先，要合理降低筹资成本（包括使用成本）。筹资的本质是获取一定资金在一定时间内的使用权，而这种使用权的获取付出的代价在经济上的表现就是筹资成本。筹资的期限（包括付息和还本的时间）及不同来源和用途的资金都会影响项目的付息水平，即筹资成本，因此筹资时必须要考虑房地产开发项目的财务安排，尽量使筹资成本最小化。其次，必须考虑筹资方案所带来的经济利益的大小，即在一定的成本下，应尽可能地使利益最大化。

（四）可行性原则

在筹集资金过程中，除了要考虑企业的筹资能力、偿还能力、盈利能力和经营能力外，还必须考虑筹资方式的落实程度，即筹资的渠道、方式、时间、数量等方面都必须是切实可行的，这样才能保证房地产开发建设工程顺利进行。

二、房地产开发资金筹措方式

（一）动用自有资金

自有资金作为股本金，是房地产开发商对其所投资项目投入的资本金。股本金既是投资者“赚取利润”的本钱，也是其“承担投资风险”的具体表现。房地产开发商的自有资金包括现金和其他速动资产，以及在近期内可以回收的各种应收款等。速动资产包括各种应收的银行票据、股票和债券以及其他可立即售出的建成楼宇等。至于各种应收款，可包括已签订合同的应收售楼款、近期可出售的各类物业应收款等。

（二）争取银行贷款

银行是房地产开发项目最主要的资金来源，如果开发商不会利用银行信贷资金，完全靠自有资金周转，就很难扩大投资项目的规模及提高自有资金的投资效益水平，还会由于投资能力不足而失去许多良好的机会。因此，银行贷款对于房地产开发商来说相当重要，是主要的间接融资方式。在我国的房地产开发项目中，一般银行的资金占60%以上，房地产开发资金对银行的依赖程度较大。

房地产开发企业向银行贷款是一种较好的筹资方法：一是贷款这种筹资方式的筹资成本较低，贷款利息较其他筹资方式的利息低；二是手续比较简单；三是有房地产作担保。一般金融机构都愿意进行房地产贷款业务，我国大多数商业银行都设有房地产信贷部，办理房地产贷款业务。投资者可以选择商业银行作为借款对象，还可以向信托投资公司申请委托贷款。按照有关规定，凡经工商行政管理部门登记并在银行开户，具有法人资格的国家、集体、个体、中外合资、中外合作、外商独资企业和个人，在从事房地产开发、经营和购买活动中资金不足时，均可申请贷款。贷款发放的基本条件是：借款企业须持有国家批准的开发计划，拥有一定比例的自有流动资金，并已在贷款银行开设账户。

（三）利用证券化资金

1. 发行房地产股票

房地产股票是股份制房地产开发商发放的股份入股凭证。股票购买者就是股份制房地产企业的股东，他们对企业拥有以股票体现的部分所有权，股东有权根据企业的经营成果获得股息和红利，但必须对企业经营不良的后果负有限责任。股东不能向企业要求退股，但可以把股票转让给别人。房地产开发股份有限公司可根据企业不同时期、不同经营情况的需要，选择发行不同种类的房地产股票，包括普通股和优先股。

股份制房地产开发企业在投资开发房地产项目时，可以通过发行股票的办法筹措资金。发行股票的范围，可以在境内，也可以在境外，但均需要经过严格的审查与审批程序。国内股票市场上的房地产板块，目前已成为我国股市的一支重要力量，万科、宝安等房地产股票在股票市场上都有很高的知名度。

2. 发行房地产债券

房地产债券是房地产企业为了筹措房地产资金而向社会发行的借款信用凭证。债券的发行者是债务人，债券的购买者是债权人，债券持有人有权按照约定的期限和利率获得利息，并到期收回本金，但无权参加房地产企业的管理，也不对其经营状况承担责任或享受权益。房地产债券有记名式和无记名式两种。由于记名式房地产债券具有手续烦琐、流通性差的特点，而无记名式房地产债券具有手续简便、流通性良好、风险性小等特点，所以房地产投资者一般选择无记名式房地产债券为主。发行房地产债券的好处很多，主要有：可在需要资金时及时筹集到所需资金，又可在资金充裕时停止筹措行为，灵活且高效；没有银行贷款那种中途停贷或回收的风险；发行债券易于被大众接受。

（四）通过联建和参建筹资

联建和参建筹资实际上是一种合伙制融资，是指合伙人按照彼此达成的协议共同出资投资于某一房地产项目。在实践中，联建一般是指各单位之间的共同投资行为。参建一般是指个人参与某一房地产项目的投资行为，而这一房地产项目是由以一个或几个房地产企业为主开发经营的。开发商如果确实筹资困难，那么寻找一家或几家有经济实力的国际或国内公司联合开发，是一种分散和转移资金压力的较好办法。开发商可以组织合作成员发挥各自的优势，并由各成员分别承担和筹集各自需要的资金。

（五）利用外资

利用外资是房地产融资的一种渠道和方式，具体形式有中外合资、合作开发、外商独资开发等。据有关部门资料显示，外商投资房地产呈现逐年递增趋势，投资规模不断扩大。有条件的企业可以利用外资进行房地产投资，但所承受的政治风险较大，一旦出现意外，损失非常大。

（六）通过预售筹资

在房地产开发进行到一定程度，符合规定的预售条件即可预售。对房地产开发商来说，预售部分房屋既可以筹集到必要的建设资金又可以降低市场风险。尽管可能损失部分未来收益，但对习惯于“借鸡生蛋”的开发商来说，适时、适价地预售部分房屋是必要的。

（七）利用承包商垫资

在建筑市场竞争激烈的情况下，许多有一定经济实力的承包商，有可能愿意带资承包建设工程，以争取到建设任务。这样，开发商就将一部分筹资的困难和风险分摊给了承包商。

三、房地产开发资金成本及其计算

（一）房地产开发资金成本

房地产开发资金成本是投资者在房地产开发项目实施中，为筹集和使用资金而付出的代价。房地产开发资金成本由资金筹措成本和资金使用成本两部分组成。房地产开发资金筹措成本是指房地产投资者在资金筹措过程中支付的各项费用，主要包括向银行借款的手续费；发行股票、债券而支付的各项代理发行费用，如印刷费、手续费、公证费、担保费和广告费等。房地产开发资金筹集成本一般属于一次性费用，筹资次数越多，资金筹集成本也就越大。房地产开发资金使用成本又称资金占用费，它包括支付给股东的各种股利、向债权人支付的贷款利息以及支付给其他债权人的各种利息费用等。房地产开发资金使用成本一般与所筹集资金的多少以及所筹集资金使用时间的长短有关，具有经常性、定期支付的特点，是资金成本的主要内容。

房地产开发资金成本可用绝对数表示，也可用相对数表示。为便于分析比较，房地产开发资金成本通常用相对数来表示，即支付的报酬与提供的资本之间的比率，也称房地产开发资金成本率。其计算公式如下：

$$K=\frac{D}{P-F}\times 100\% \text{或} K=\frac{D}{P(1-f)}\times 100\%$$

式中：K——资金成本率（一般通称为资金成本）；

D——支付的报酬；

P——筹资总额；

F——筹资费用；

f——筹资费用率，即筹资费用与筹资总额之比。

按照房地产开发资金成本的计算对象和计算方式不同，可分为个别资金成本、综合（加权平均）资金成本和边际资金成本。考虑到本书的使用对象，在此，仅介绍个别资金成本和综合资金成本的计算。

（二）个别资金成本的计算

个别资金成本是指按各种资金筹资方式计算确定的成本。采用不同筹资方式取得的资金由于影响资金成本的具体因素不同，其资金成本也就高低不等。个别资金成本是比较不同筹资方式优劣的一个标准。下面主要介绍几种长期筹资方式下的个别资金成本的计算公式。

1. 长期借款资金成本率公式

房地产开发向银行借款，所支付的利息费用一般可作为财务费用，通常在所得税前扣除，这可使房地产开发企业少缴一部分所得税，因此，长期借款的资金成本率计算公式可以写成：

$$K=\frac{I_1(1-T)}{1-f_1}$$

式中：K——长期借款成本率；

I_1——长期借款利率；

f_1——借款费用率；

T——所得税率。

［例 3－2］　某房地产企业长期借款 200 万元，年利率 10.8%，借款期限 3 年，每年付息一

次，到期一次还本，企业所得税率25%，筹资费用忽略不计。试计算这笔长期借款的资金成本率。

解：

$K=10.8\%\times(1-25\%)=8.1\%$

注：上述公式仅适用于每年末支付利息、借款期末一次全部还本的情况。

2. 债券资金成本率公式

房地产开发企业发行债券的成本主要是指债券利息和筹资费用。债券利息的处理与长期借款利息的处理相同，应以税后的债务成本为计算依据。房地产开发债券筹资费用一般比较高，不可在计算融资成本时省略。债券资金成本率可按下列公式计算：

$$K_b=\frac{R_b(1-T)}{(1-f_b)}\text{或}\frac{I_b(1-T)}{B(1-f_b)}$$

式中：K_b——债券资金成本率；

R_b——债券利率；

I_b——债券年利息率；

B——债券筹资额；

f_b——债券筹资费用率；

T——所得税税率。

若债券溢价或折价发行，为了更精确地计算资金成本，应以其实际发行价格作为债券筹资额。

[例3-3]　某房地产开发企业发行总面值为500万元的10年期债券，票面利率为8%，发行费率为5%，发行价格550万元。公司所得税税率为25%。试计算该公司债券的资金成本率。如果房地产公司以350万元发行面额为500万元的债券，试计算其资金成本率。

解：

(1) 根据公式得：

$$K_b=\frac{500\times8\%\times(1-25\%)}{550\times(1-5\%)}=5.74\%$$

(2) 以350万元价格发行时的资金成本率为：

$$K_b=\frac{500\times8\%\times(1-25\%)}{350\times(1-5\%)}=9.02\%$$

3. 普通股资金成本率公式

普通股股息不是固定的，普通股持有者的投资风险最大，股息率也最高。另外，普通股股息率将随着房地产开发项目经营状况而变化，发行普通股股票也有较高的筹资费，所以普通股筹资成本率很高。计算普通股资金成本率常用的方法有：

(1) 评价法。其计算公式为：

$$K_e=\frac{D}{S(1-f)}\times100\%+g$$

式中：K_e——普通股资金成本率；

D——普通股预期年股利支出；

S——普通股筹资额；

f——普通股筹资费率；

g——普通股股利年增长率。

[例 3-4]　某房地产开发公司发行普通股正常市价 400 万元，筹资费用率为 5%，第一年支付股利率为 10%，预计每年股利增长率为 9%，试计算其资金成本率。

解：

根据公式有：

$$K_e=\frac{D}{S(1-f)}\times100\%+g=\frac{400\times10\%}{400\times(1-5\%)}+9\%=18.47\%$$

(2) 资本资产定价模型法。其计算公式为：

$$K_e=R_f+\beta(R_m-R_f)$$

式中：R_f——无风险报酬率；

R_m——平均风险股票必要报酬率；

β——股票的风险校正系数。

[例 3-5]　某一期间证券市场无风险报酬率为 10%，平均风险股票必要报酬率为 15%，某房地产开发公司普通股 β 值为 1.10。试计算该普通股的资金成本率。

解：

根据公式有：

$$K_e=R_f+\beta(R_m-R_f)=10\%+1.10\times(15\%-10\%)=15.5\%$$

4. 优先股资金成本率公式

房地产开发企业发行优先股，也需要支付筹资费，其股息要分期支付。优先股的股息率一般高于债券的利率，所以筹资成本也高于债券。优先股的显著特点是股利支出是固定的。优先股资金成本率的计算公式如下：

$$K_P=\frac{D}{S(1-f)}\times100\%$$

式中：K_p——优先股资金成本率；

D——优先股预期年股利支出；

S——优先股票面价值；

f——优先股筹资费率。

[例 3-6]　某房地产开发公司为某项目发行优先股股票，票面额按正常市价计算为 200 万元，筹资费率为 4%，股息年利率为 14%。试求其优先股资金成本率。

解：

根据公式得：

$$K_P=\frac{D}{S(1-f)}\times100\%=\frac{14\%}{1-4\%}=14.58\%$$

5. 留用利润资金成本率公式

房地产开发项目的税后利润除了用于支付股息外，一般都要留有一部分用于投资。留用利润是房地产企业内部的一种资金来源。股东虽然没有以股息的形式分得这部分利润，但可以从股票市价的提高中得到好处。房地产开发企业留用一部分利润，等于普通股股东对房地产开发企业进行了追加投资，使普通股的资金增加。股东对这一部分追加投资同以前缴给企业的股本一样，也要求给予相应比率的报酬。因此，房地产开发企业对这部分资金并不能无偿使用，也应计算其资金成本率。留用利润不需要支付筹资费，因此留用利润成本率的计算公式如下：

$$K_n=\frac{D}{P_o}+g$$

式中：K_n——留用利润成本率；

D——第一年股利；

P_o——留用利润总额；

g——股利年均增长率。

（三）综合资金成本的计算

房地产开发需要多种渠道来筹措长期资金，为了进行筹资和投资决策，确定最佳资本结构，还需测算企业或项目各种长期资金来源综合的资金成本，即以各种资金占全部资金的比重为权数，对各种资金成本进行加权平均计算。综合资金成本一般用综合资金成本率来衡量，综合资金成本率是由个别资金成本率和加权平均权数两个因素决定的，其计算公式如下：

$$K=\sum_{j=1}^{n}W_jK_j$$

式中：K——综合资金成本率；

W_j——第 j 种来源资金占全部资金的比重（权重）；

K_j——第 j 种来源资金的成本率。

［例 3－7］ 设某房地产开发项目拟订的筹资方案有关财务数据如表 3－3 所示，根据已知条件计算个别资金成本率和综合资金成本率。

表 3－3　某房地产开发项目筹资方案有关财务数据

银行贷款	贷款余额 400 万元	年利率 7.5%	抵减金额 20 万元	所得税率 25%
普通股	发行总额 400 万元（40 万股）	预期股利 1 元/股	发行费用 2.4 万元	预期股利增长率 3%
优先股	发行总额 400 万元（40 万股）	股利 0.7 元/股	发行费用 12 万元	
债券	发行总额 1 500 万元	债券利率 9.0%	发行费用 15 万元	所得税率 25%
留用利润	个人所得税率 25% 留用利润额 200 万元	股利 0.7 元/股	普通股市价 12 元/股	预期年股利增长率 5%

解：

（1）计算个别资金成本率。

银行贷款资金成本率 $K_1=\dfrac{400\times7.5\%\times(1-0.25)}{400\times(1-\dfrac{20}{400})}\times100\%=5.92\%$

普通股资金成本率 $K_e=3\%+\dfrac{40\times1}{400\times(1-\dfrac{2.4}{400})}\times100\%=13.06\%$

优先股资金成本率 $K_p=\dfrac{40\times0.7}{400\times(1-\dfrac{12}{400})}\times100\%=7.22\%$

债券资金成本率 $K_b=\dfrac{1\,500\times 9.0\%\times(1-0.25)}{1\,500\times(1-\frac{15}{1\,500})}\times 100\%=6.82\%$

留用利润资金成本率 $K_n=\left[5\%+\dfrac{0.70}{12\times(1-0)}\right]\times(1-25\%)=8.12\%$

(2) 计算综合资金成本率。由已知,总筹资额为 2 900(=400+400+400+1 500+200)万元,因而可以求出 W_j,结果如下:

$W_1=400\div 2\,900=13.79\%$

$W_2=400\div 2\,900=13.79\%$

$W_3=400\div 2\,900=13.79\%$

$W_4=1\,500\div 2\,900=51.73\ \%$

$W_5=200\div 2\,900=6.90\ \%$

代入综合资金成本率计算公式可得:

$K=5.29\%\times 13.79\%+13.06\%\times 13.79\%+7.22\%\times 13.79\%+6.09\%\times 51.73\%+8.12\%\times 6.90\%=7.24\%$

思考与练习

一、选择题(以下选项中至少有一个是正确的)

1. 下列建设用地,可以划拨取得土地使用权的有(　　)。

A. 商品房用地　　B. 别墅用地

C. 经济适用住房用地　　D. 大型商场用地

2. 某市某地块以招标方式进行土地出让,在招标文件中明确规定提交投标文件截止时间为 2007 年 8 月 8 日下午 5:00,开标地点为该市某写字楼 11 楼大会议室。有甲、乙、丙、丁、戊 5 家单位参与投标,根据招标出让的相关规定,下列说法正确的有(　　)。

A. 甲在 2007 年 8 月 6 日邮寄投标文件,投标文件于 2007 年 8 月 8 日上午 12:00 寄到招标人处,甲的投标是有效的

B. 可以临时改变开标地点

C. 由于丙和丁中标概率最大,所以开标时,只邀请丙和丁即可

D. 一般来说,在招标出让中,是由投标人在开标现场互相评标的

3. 征收下列(　　)土地,应由国务院批准。

A. 草地 15 公顷　　B. 基本农田

C. 耕地 20 公顷　　D. 林地 120 公顷

4. 在城市房屋拆迁补偿中,货币补偿的金额以(　　)确定。

A. 房地产成本价格　　B. 房地产市场评估价格

C. 房地产重置价格　　D. 购买房地产时的成交价格

5. 某住宅小区总用地面积为 46 公顷,开发小区内总建筑面积为 70 万平方米,则其容积率为(　　)。

A. 1.52　　B. 0.66　　C. 1.25　　D. 2.15

6. 房地产开发项目规划设计方案评价的特点有(　　)。

A. 评价主体的多元性　　B. 评价主体的单一性

C. 评价目标的多样性　　D. 评价目标的唯一性

E. 评价值的不确定性

7. 某房地产开发公司长期借款 200 万元，年利率为 10.8%，借款期限为 3 年，每年付息一次，到期一次还本，企业所得税率为 25%，筹资费用忽略不计，这笔长期借款的资金成本率为(　　)。

A. 8.1%　　B. 8.23%　　C. 6.95%　　D. 9.32%

二、简答题

1. 简述房地产开发项目获取土地使用权的途径。

2. 简述房地产开发资金的筹集方式。

第四章　现金流量与资金时间价值分析

本章学习目标：

了解现金流量与资金时间价值的基本概念；能针对一个房地产项目作出准确的现金流量分析，并能正确绘制现金流量图；能进行适当的资金时间价值分析计算。

技能点：

1. 正确绘制现金流量图；
2. 对不同房地产项目的借贷情况作出资金时间价值的准确区分与判断。

知识点：

1. 现金流量与现金流量图；
2. 资金时间价值的基本概念及其基本公式。

掌握点：

1. 能针对一个房地产项目作出准确的现金流量分析；
2. 能进行适当的资金时间价值分析计算。

第一节　现金流量与现金流量图的基本概念

一、现金流量

房地产项目资金运动分析是房地产开发经营与管理的重要内容，它是房地产项目成败的生命线。在对房地产项目投资分析中，将其整个资金运动作为一个活动过程，考虑一定的时期范围进行资金投入、收益分析，则看到资金是一个流动的过程。一定时期各时点上实际发生的资金流出或流入量叫做现金流量。其中，将流入资金运动过程中的资金叫现金流入，将流出资金运动过程中的资金叫现金流出。在同一时点上的现金流入与现金流出之差称为净现金流量。

对于房地产项目来说，现金流入通常是指销售收入、出租收入、其他经营收入等；现金流出主要是指土地费用、建造费用、各种利息、经营费、税金等。

二、现金流量图

为了正确进行经济效果评价，必须借助现金流量图来进行现金流量的计算分析。现金流量图是用以反映一个房地产项目资金在一定的时期范围内的运动状态的简单图示，通常是用一个时间坐标轴表示的，即在时间坐标轴上，划分出一个连续的计息期，在每个计息期表示出各种对应的现金流入与现金流出的相对关系。

三、绘制现金流量图的基本规则

绘制现金流量图的基本规则如下：

(1) 以横轴为时间坐标轴。时间过程从左向右延伸，以轴的最左端为 0 起点，轴上每一刻度表示一个时间单位，两个刻度之间的时间长度称为一个计息期，计息期可取年、季度、月等。横坐标轴上“0”点一般表示当前时点，用来表示资金运动的时间起点或某一基准时刻。而“1”、“2”等中间刻度表示前一个计息期的期末，同时也是下一个计息期的期初或开始，依此类推，见图 4-1。

(2) 期末发生原则。实际生产生活中现金流入或流出量不一定发生在计息期的期初或期末，而是随机发生的，为了简化计算，公认的习惯方法是将其代数和看成是在计息周期期末发生，即期末发生原则。因而可满足投资分析的客观一致性要求。

(3) 0 时点的含义，即 P 值的双重意义。为了与期末惯例法相一致，把资金的流动情况绘成现金流量图时，把初始投资 P 作为上一周期的期末，即第 0 期期末发生的，也就有了 0 周期。

(4) 净现金流量的确定。在时间坐标上的垂直箭线代表不同时点的现金流量，通常箭线的箭头指向上方的表示正现金流量，箭头指向下方的表示负现金流量，见图 4-2。某一计息期内的净现金流量用该时段内的正负现金流量的代数和确定，并标示在期末时点上。

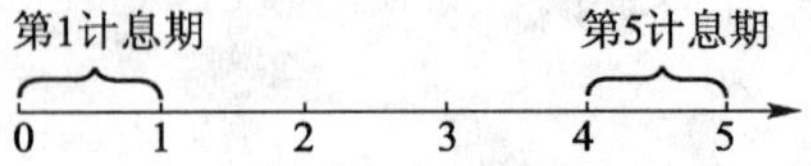

图 4-1　现金流量时间刻度

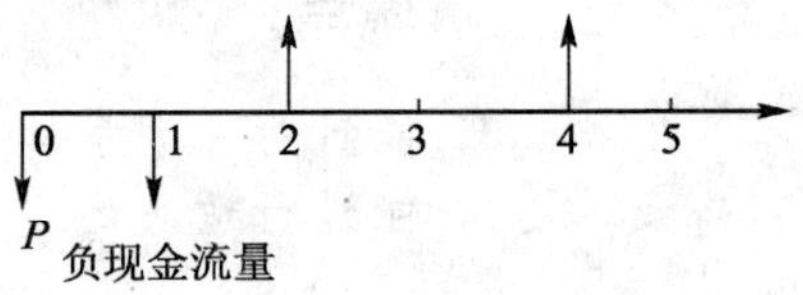

图 4-2　正负现金流量

第二节　资金时间价值与复利计算

一、资金时间价值的概念

(一) 资金时间价值的含义

房地产投资项目的开发过程是由各种大小投资活动构成的，是一个时间的延续过程。资金的投入与收益的获得将构成一个时间上先后不同的现金流量序列，要做到客观、科学地评价房地产投资项目的经济效果或对不同的投资方案进行经济比较，就不仅要考虑支出与收入的绝对数额，还必须考虑每笔现金流量发生的时间。以某一个确定的时点为基准，把不同时点上的支出与收入的资金数额折算到同一个时点上进行比较，才能得出正确的结论。

这里强调的就是资金在不同的时间点上其价值是不等效的，或者说，不能把不同时间点上的资金额进行代数和比较，即资金的价值会随时间的推移而发生变化。可以说，今天用来投资的一笔资金，即使不考虑通货膨胀的因素，也比将来获得同等数额的资金更有价值，因为你今天拥有的资金可以为明天创造收益，而将来的资金是无法用于现实投资而创造收益的。因此，同样数额的资金在不同时点上具有不同的价值，或不同时间点上发生的等额资金在价值上的差别称为资金的时间价值。这一点可以用在银行存款来理解。假如我们将 100 元存入银行，一年后从银行可得到本利和 105.2 元，则意味着在这一年内 100 元增值了 5.2 元，它是这一年内 100 元的利息，也是 100 元在这一年内的时间价值。为什么它能创造出这 5.2 元的时间价值呢？也就是说银行为什么要付给我们这 5.2 元的利息呢？换句话说，利息是从哪里得来的呢？理由如下。

（二）资金时间价值产生的原因

1. 从投资的角度看——资本增值

资金通过银行的集结用于投资，即转换为资本，投资使得迂回生产成为可能，这是工业化生产乃至现代化工业的必需，投资获利是投资的直接目的，也是资本产生价值增值的必然结果。从投资者角度来看，资金的增值使得其具有时间价值。

2. 从消费的角度看——对牺牲即期消费的补偿

人们经常用牺牲即期消费换取未来更多的消费，如购买保险。因此，从消费的角度来看，资金的时间价值表现为放弃即期消费所应得到的补偿。

（三）对资金时间价值的理解

对资金时间价值的理解，可以从影响因素、技术分析、数值比较三个方面来考虑。

影响因素上，资金时间价值的大小取决于多方面的因素，如投资利润率、通货膨胀率、投资风险等。

技术分析上，资金时间价值的计算与银行计息的计算在方法上相同。应该说，银行计息是资金时间价值的典型表示方式，利率是资金时间价值的一种标志。

数值比较上，由于资金时间价值的存在，无法直接比较不同时点上发生的现金流量。因此，要换算在同一时点上进行比较。

考虑资金时间价值的经济分析方法，提高了房地产项目投资方案经济效果分析评价和选择的科学性和可靠性。

二、利息与利率

（一）利息

利息是指占用资金所付出的代价或放弃资金使用权所得到的补偿。将一笔资金存入银行，这笔资金就成为本金，经过一段时间后，储户可在本金之外取得一笔利息。即储户可获得本利和，其计算公式为：

$$F_n = P + I_n$$

式中：F_n——本利和；

P——本金；

I_n——利息。

下标 n 表示计息周期的期数。计息周期是指计算利息的时间单位，可以是“年”、“季度”、“月”、“周”等。通常采用的时间单位是年。

（二）利率

利息是占用资金所付出的代价或放弃资金使用权所得到的补偿，这种代价或补偿是资金投入或放弃使用的一种收益值，其收益值即这种代价或补偿与原始投入的比值称为利率。换句话说，利率就是在单位时间内（一个计息周期）所得到的利息额与借贷金额（本金）之比。其计算公式为：

$$i=\frac{I_1}{P}\times 100\%$$

式中：i——利率；

I_1——一个计息周期的利息。

三、利息的计算

利息的计算有单利计息与复利计息两种。

（一）单利计息

单利计息是仅仅按本金计算利息，利息不再生息，利息总额与借贷时间成正比。单利计息时的计算公式为：

$$I_n=P\times n\times i$$

n 个计息期后的本利和为：

$$F_n=P(1+i\times n)$$

我国个人储蓄存款和国库券的利息都是以单利计息的方式计算利息的，一般计息周期为"年"。

（二）复利计息

复利计息是指在某一计息周期内，按本金加上之前计息周期累计的利息一并进行计息，即"利息再生利息"。

复利计息时的计算公式为：

$$I_n=P[(1+i)^n-1]$$

n 个计息期后的本利和为：

$$F_n=P(1+i)^n$$

我国房地产开发贷款和住房抵押贷款等的贷款利息都是以复利计息的方式计算利息的。一般认为资金在社会生产过程中的运动是连续性的，不可能像银行储蓄即存即取，所以说用复利计息方式对投资方案进行分析，比较符合社会资金运动的实际状况。

从理论上讲，资金在不停地运动，每时每刻都在通过生产和流通领域增值，应该采用连续复利计算的方式考核资金的经济效果，这就意味着计息周期要无限缩短，也就意味着需要进行连续复利计息，显然这是极为不现实的。为简便起见，实际工作中，都是采用有一定间隔的时间区间（如年、季、月等）进行计息计算，即采用间断复利计息的方法。

四、名义利率与实际利率

计息周期是计算利息的时间单位，可以是年、季度、月、周、日等，这样就出现了不同计息周期的利率换算问题，即当利率标明的时间单位与计息周期不一致时，就出现了名义利率与实际利率之别。

（一）名义利率与实际利率的概念

名义利率一般是指单利计息时的利率，即一年内多次计息时给出的年利率。显然，名义利率忽略了一年内各计息期利息再生的情况，即忽略了“利滚利”。

实际利率，是一年内多次计息时，年末终值比年初初值的比值。

以存款 1 000 元为例，年利率 12%，如果一年一次计息，这 12%既是实际利率也是名义利率，若按季度计息，即一年计息 4 次，则季度名义利率为 3%；若按月计息，即一年计息 12 次，则月名义利率为 1%；它们分别的本利和是：

一年计息 1 次的本利和：　$F=1\,000\times(1+12\%)=1\,120$(元)

一年计息 4 次的本利和：　$F=1\,000\times(1+3\%)^4=1\,125.51$(元)

一年计息 12 次的本利和：　$F=1\,000\times(1+1\%)^{12}=1\,126.83$(元)

对比实际利率，一年计息 1 次的实际利率还是 12%，一年计息 4 次的实际利率$=(1+3\%)^4-1=12.55\%$，一年计息 12 次的实际利率$=(1+1\%)^{12}-1=12.68\%$。

这里，名义利率＝周期利率×每年的计息周期数。

（二）名义利率与实际利率的关系式

设名义利率为 i，实际利率为 r，年初初值为 P，一年内计息 m 次，则每一计息周期的利率为 i/m。

一年后的本利和为：$F=P(1+i/m)^m$。

其中利息 $I=F-P=P(1+i/m)^m-P$。

故，名义利率 i 与实际利率 r 的关系式为：

$$r=\frac{F-P}{P}=\frac{P(1+i/m)^m-P}{P}=(1+i/m)^m-1$$

依据上述分析，可以看出名义利率与实际利率存在着以下关系：

(1) 实际利率比名义利率更能反映资金的时间价值；

(2) 名义利率越大，计息周期越短，实际利率与名义利率的差异就越大；

(3) 当计息周期数 $m=1$ 时，实际利率＝名义利率；

(4) 当计息周期数 $m>1$ 时，实际利率＞名义利率；

(5) 当计息周期数 $m\to\infty$ 时，实际利率 r 与名义利率 i 的关系为：

$$r=e^i-1$$

式中：e——通货膨胀率。

一般而言，名义利率是包含了通货膨胀率因素的利率，实际利率则是名义利率剔除通货膨胀率因素影响后的真实利率。此时，三者的关系为：

$$r=(1+i)/(1+e)-1$$

（三）名义利率与实际利率的换算举例

[例 4-1]　已知某笔存款的年利率 5.2%，若按季度计息，则该笔存款的实际利率是多少？

解：已知名义利率 $i=5.2\%$，$m=4$，则：

该笔存款的实际利率 $r=(1+5.2\%/4)^4-1=5.3\%$

[例 4-2]　某房地产开发商向银行贷款 1 500 万元，期限 5 年，年利率 8%，若该笔贷款的还款为按季度付息，到期后一次偿还本金，则开发商支付的利息总额是多少？如果计算先期支付的利息的时间价值，则该笔贷款到期后开发商实际支付的利息又是多少？

解：已知 $P=1\,500$ 万元，$n=5\times4=20$，$i=8\%/4=2\%$，则：

开发商支付的名义利息总额 $=P\times i\times n=1\,500\times2\%\times20=600$（万元）

考虑先期支付的利息的时间价值，则：

开发商支付的实际利息总额 $=P[(1+i)^n-1]=1\,500\,[(1+2\%)^{20}-1]=728.92$（万元）

第三节　资金等效值计算及其应用

一、资金等效值的概念

资金等效值是指考虑时间因素条件下，不同时点上的等额资金其价值是不等效的。因而要区分现值、终值、时值。通常人们把资金运动起始点的资金金额称为现值；把资金运动结束时与现值等值的资金金额称为终值或未来值；而把资金运动过程中的资金金额称为时值。

二、复利计算

（一）常用符号

在考虑资金的时间因素的复利计算中，常用的计算符号有：P、F、A、i、n、G、s 等，各自含义如下：

P——现值；

F——终值（未来值）；

A——年值，在连续的计息期期末等额支付的资金金额；

i——计息期的利率；

n——计息期期数；

G——每一计息期内收入或支出等差变化数值；

s——每一计息期内收入或支出等比变化数值。

（二）不同折现计算公式及其系数

不同资金支付情况形成不同折现计算公式及其折现系数，归纳如下：

1. 一次支付的现值系数和终值系数

含义：在折现率 i 的条件下，n 个计息期后的终值 F 等效于在零时点的资金现值 P。其现金流量图如图 4-3 所示。

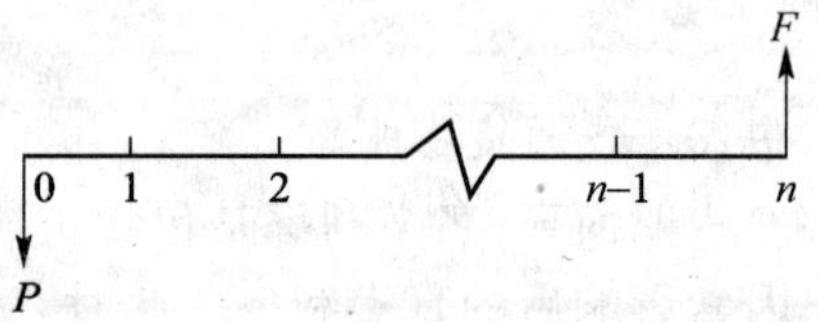

图 4-3　一次支付的现金流量图

P 与 F 之间的换算关系式为：

$$F=P(1+i)^n$$

$$P=F(1+i)^{-n}$$

式中：$(1+i)^n$ 称为“一次支付终值系数”；$(1+i)^{-n}$ 称为“一次支付现值系数”。

2. 等额序列支付的现值系数和资金回收系数

含义：在折现率 i 的条件下，n 个计息期中每个计息期末均有一个等额支付的资金额 A，它们等效于在零时点的资金现值 P。其现金流量图如图 4-4 所示。

(1) 已知 n 个等额的 A，在利率 i 的条件下，折合现值为：

$$P=A\left[\frac{(1+i)^n-1}{i(1+i)^n}\right]=\frac{A}{i}\left[1-\frac{1}{(1+i)^n}\right]$$

式中：$\frac{1}{i}\left[1-\frac{1}{(1+i)^n}\right]$称为“等额序列支付现值系数”。

(2) 已知现值 P，在利率 i 的条件下，等效于 n 个计息期内的等额序列支付年值 A 的计算式为：

$$A=P\left[\frac{i(1+i)^n}{(1+i)^n-1}\right]$$

式中：$\left[\frac{i(1+i)^n}{(1+i)^n-1}\right]$称为“等额序列支付资金回收系数”。

3. 等额序列支付的终值系数和储存基金系数

含义：在折现率 i 的条件下，n 个计息期后的终值 F 等效于在 n 个计息期中等额序列支付的资金额 A。等额序列支付的现金流量图如图 4-5 所示。

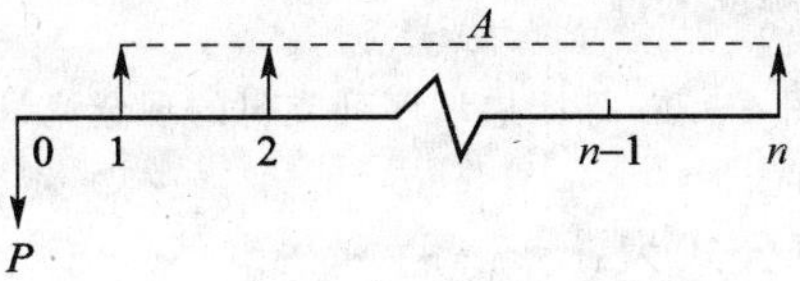

图 4-4　等额序列支付的现金流量图(一)

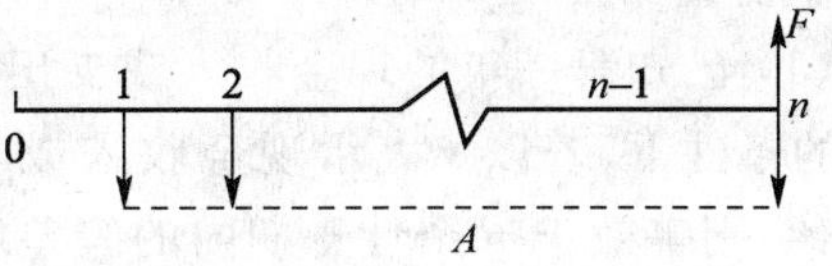

图 4-5　等额序列支付的现金流量图(二)

F 与 A 之间的换算关系式为：

已知终值 F，在利率 i 的条件下，等效于 n 个计息期内的等额序列支付年值 A 的计算式为：

$$A=F\left[\frac{i}{(1+i)^n-1}\right]$$

式中$\left[\frac{i}{(1+i)^n-1}\right]$称为“等额序列支付储存基金系数”；

同时已知 n 个计息期内的等额序列支付年值 A，在利率 i 的条件下，等效于终值 F 的计算式为：

$$F=A\left[\frac{(1+i)^n-1}{i}\right]$$

式中$\left[\frac{(1+i)^n-1}{i}\right]$称为“等额序列支付终值系数”。

4. 等差序列支付的现值系数和年费用系数

含义：在折现率 i 的条件下，n 个计息期中以一种等额增加或减少的资金支付形式，等效于零时点的资金现值 P。例如，物业租金收入通常随着市场的发展逐年增加，而汽车保险的保费则逐年递减。等差序列支付的现金流量图如图 4-6 所示。

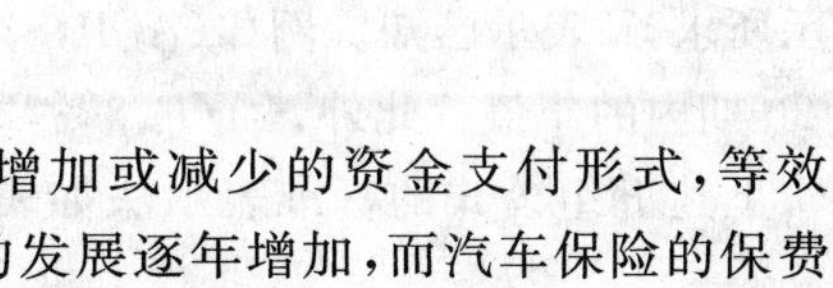

图 4-6　等差递增序列支付的现金流量图

(1) 已知第一年的现金收入或支出流量为 A_1，在利率 i 的条件下，若以 G 表示现金收入或支出的年等差变化值，则等效于 n 个计息期内的等差序列现值 P 的计算公式为：

$$P=A_1\left[\frac{(1+i)^n-1}{i(1+i)^n}\right]+\frac{G}{i}\left[\frac{(1+i)^n-1}{i(1+i)^n}-\frac{n}{(1+i)^n}\right]$$

式中：$\frac{1}{i}\left[\frac{(1+i)^n-1}{i(1+i)^n}-\frac{n}{(1+i)^n}\right]$称为“等差序列现值系数”。

(2) 可将等差序列支付的现金流量 A_1 换算成等额年值 A，则换算式为：

$$A=A_1+G\left[\frac{1}{i}-\frac{n}{(1+i)^n-1}\right]$$

式中：$\left[\frac{1}{i}-\frac{n}{(1+i)^n-1}\right]$称为“等差序列年费用系数”。

5. 等比递增序列支付的现值系数和终值系数

含义：在折现率 i 的条件下，n 个计息期中以一种等比例增加或减少的资金支付形式，等效于零时点的资金现值 P。例如，物业租金收入每年以 7%增加，汽车保险的保费每年以 10%递减。等比递增序列支付的现金流量图如图 4－7 所示。

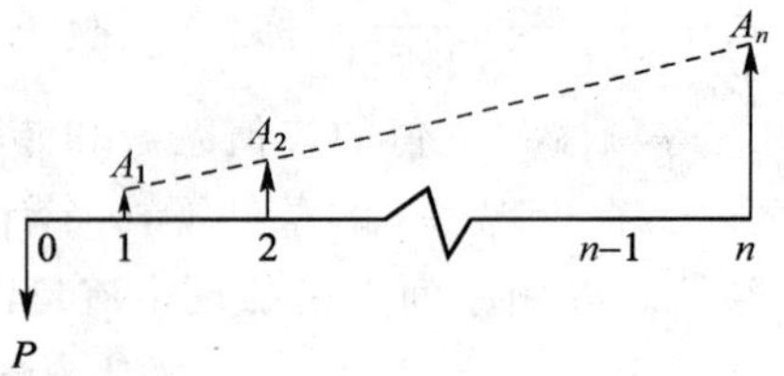

图 4－7　等比递增序列支付的现金流量图

(1) 已知第一年的现金收入或支出流量 A_1，在利率 i 的条件下，若以 s 表示现金收入或支出的年等比变化值，则等效于 n 个计息期内的等差序列现值 P 的计算公式为：

$$\begin{cases} P=\frac{A_1}{i-s}\left[1-\frac{(1+s)^n}{(1+i)^n}\right] & \text{当 } i\neq s \text{ 时} \\ P=nA_1/(1+i) & \text{当 } i=s \text{ 时} \end{cases}$$

式中：$\frac{1}{i-s}\left[1-\frac{(1+s)^n}{(1+i)^n}\right]$称为“等比序列现值系数”。

(2) 可将等比序列支付的现金流量 A_1 换算成等额年值 A，则换算公式为：

$$A=A_1\frac{i}{i-s}\left[1-\frac{(1+s)^n-1}{(1+i)^n-1}\right]$$

式中：$\frac{i}{i-s}\left[1-\frac{(1+s)^n-1}{(1+i)^n-1}\right]$称为“等比序列年费用系数”。

(三) 复利系数的表示

为了书写上的方便，采用一种标准表示法来表示各种复利系数。一般形式为：$(X/Y,i,n)$。X 表示所求，Y 表示已知。例如$(A/P,8\%,20)$表示在已知现值为 P，投资收益率为 8%条件下，计算在 20 期内的年值。此外，$(A/P,8\%,20)$表示一个系数，这个系数与现值 P 相乘，即可求得 A 值。

上述五组公式的标准表示法如表 4－1 所示。

表 4－1　复利系数标准表示法及复利计算公式汇总表

系数名称	标准表示法	已　知	欲　求	公　式
一次支付现值系数	$(P/F,i,n)$	F	P	$P=F(P/F,i,n)$
一次支付终值系数	$(F/P,i,n)$	P	F	$F=P(F/P,i,n)$
等额序列支付现值系数	$(P/A,i,n)$	A	P	$P=A(P/A,i,n)$

续表

系数名称	标准表示法	已知	欲求	公式
等额序列支付资金回收系数	$(A/P,i,n)$	P	A	$A=P(A/P,i,n)$
等额序列支付储存基金系数	$(A/F,i,n)$	F	A	$A=F(A/F,i,n)$
等额序列支付终值系数	$(F/A,i,n)$	A	F	$F=A(F/A,i,n)$
等差序列现值系数	$(P/G,i,n)$	G	P	$P=G(P/G,i,n)$
等差序列年费用系数	$(A/G,i,n)$	G	A	$A=G(A/G,i,n)$
等比序列现值系数	$(P/s,i,n)$	s	P	$P=s(P/s,i,n)$
等比序列年费用系数	$(A/s,i,n)$	s	A	$A=s(A/s,i,n)$

三、资金等效值计算的应用

将资金等效值用于房地产项目投资收益分析和房地产购买分析，可以比较充分地说明资金等效值的含义。以下是资金等效值应用的八种典型情况：

(一) 房地产项目投资收益分析

1. 各计息期内投资收益不等，复利折现分析投资效益

[例 4-3] 未来两年某房地产的净收益分别为 10 万元、11 万元，适用折现率第一年 8%，第二年 7%，则其收益现值为：

$$P=\frac{10}{(1+8\%)}+\frac{11}{(1+7\%)}=10\times0.925\ 9+11\times0.900\ 9=19.17(\text{万元})$$

2. 各计息期内投资收益多种规律状况，进行复利折现组合分析投资效益

[例 4-4] 某开发商以 1 000 万元购得某一房地产，预计经营期内第一年收益 85 万元，第二年收益 95 万元，第三年开始稳定在 100 万元；在第 15 年将该房地产卖出，估计售价 1 000 万元；经营期内，每隔 5 年做一次装修，支出 20 万元，经营期内所有费用为收入的 10%。问在投资收益率 8%条件下，该开发商的经营是否合算？

解：$P_1=-1\ 000(\text{万元})$

$$P_2=\frac{85\times0.9}{(1+8\%)}+\frac{95\times0.9}{(1+8\%)^2}=78.7+81.45=144.14(\text{万元})$$

$$P_3=\frac{100\times0.9}{8\%}\left[1-\frac{1}{(1+8\%)^{13}}\right]\times\frac{1}{(1+8\%)^2}=609.86(\text{万元})$$

$$P_4=\frac{20}{(1+8\%)^5-1}\left[1-\frac{1}{(1+8\%)^{15}}\right]=29.18(\text{万元})$$

$$P_5=\frac{1\ 000}{(1+8\%)^{15}}=315.24(\text{万元})$$

$$P=-1\ 000+144.14+609.86-29.18+315.24=40.06(\text{万元})$$

分析：$P>0$，说明该开发商的经营是合算的。

(二) 房地产购买能力分析

1. 一般购买：各计息期内还款金额为一定值

[例 4-5]　某人预购房，首付 30%，其余贷款，年利率 6%，15 年付清，每月还款 5 000 元。请问：该买主最有可能的房款额应为多少？

解：贷款额＝5 000(P/A，0.5%，180)＝59.25(万元)

房款＝贷款额×1/(1－0.3)＝59.25×1/(1－0.3)＝84.64(万元)

说明：根据 $P=A/r(P/A,r,n)=A/r[1-1/(1+r)^n]$计算。

此处是求 P 值。

[例 4-6]　某人预购住房，总价 130 万元，首付 30%，其余贷款，年利率 6%，15 年付清，用月收入的 50%还款。请问：该买主的月收入应为多少？

解：月利率＝6%/12＝0.5%　$n=15\times12=180$(月)

月收入＝1/50%×130×0.7/(A/P，0.5%，180)

　　＝182/118.5＝1.535 8(万元)

说明：根据 $P=A/r(P/A,r,n)=A/r[1-1/(1+r)^n]$计算。

此处是求 A 值。

2. 购买过程规律性变化：递增还款，即在计息期内，还款额度等比增长

[例 4-7]　贷款 90 万元，月还款增长比率 0.45%，15 年期，贷款利率 6.6%。问其初始还款额和第 15 年最后一个月的还款额是多少？

解：(1) 已知$P=90$ 万元，$s=0.45\%$

$n=15\times12=180$(月)，$i=6.6\%/12=0.55\%$

(2) $A_1=P\times(i-s)/\{1-[(1+s)/(1+r)]^n\}$

$=900\ 000\times(0.55\%-0.45\%)/\{1-[(1+0.45\%)/(1+0.55\%)^{180}]\}$

$=900/(1-0.836)=5\ 488.42$(元)

(3) $A_{180}=A_1\times(1+s)^{108-1}=5\ 488.42\times(1+0.004\ 5)^{180-1}=12\ 259.9$(元)

3. 购买利率变化：组合贷款利率下还款能力分析

[例 4-8]　购买 150 平方米住宅，单价 8 000 元/平方米，首付 30%，其余作两种贷款。已知公积金和商业贷款年利率分别为 4.2%和 6.0%，期限 10 年，公积金贷款最高限额 20 万元。问该家庭申请组合抵押贷款的最低月还款额是多少？

解：(1) 已知 $P=8\ 000\times150\times(1-30\%)=84$ 万元，$n=10\times12=120$(月)

$i_1=4.2\%/12=0.35\%$，$i_2=6.0\%/12=0.5\%$

$P_1=200\ 000$ 元，$P_2=640\ 000$ 元，

(2) 各类月还款额：

$A_1=P_1\times[i_1(1+i_1)^n]/[(1+i_1)^n-1]$

$=200\ 000\times[0.35\%(1+0.35\%)^{120}]/[(1+0.35\%)^{120}-1]$

$=2\ 043.9$(元)

$A_2=P_2\times[i_2(1+i_2)^n]/[(1+i_2)^n-1]$

$=640\ 000\times[0.5\%(1+0.5\%)^{120}]/[(1+0.5\%)^{120}-1]$

$=7\ 105.32$(元)

(3) 组合抵押贷款的最低月还款额：

$A=A_1+A_2=2\ 043.9+7\ 105.32=9\ 149.22$(元)

4. 购买能力增强变化：提前还贷折算分析

[例 4-9]　某家庭购买150平方米住宅，单价8 000元/平方米，抵押贷款价值比率为70%，贷款年利率为6%，期限10年，该家庭在还款4年后，即第5年初一次提前还款20万元。问该家庭第5年开始的抵押贷款月还款额是多少？

解：(1) 已知：

$P_1=8\ 000\times150\times70\%=84$(万元)，$P_2=20$(万元)，$i_1=i_2=6\%/12=0.5\%$

$n_1=10\times12=120$(月)，$n_2=(10-4)\times12=72$(月)

(2) 正常月还款额：

$A_1=P_1\times[i_1(1+i_1)^n]/[(1+i_1)^n-1]$

$=840\ 000\times[0.5\%(1+0.5\%)^{120}]/[(1+0.5\%)^{120}-1]$

$=9\ 325.74$(元)

(3) 第5年初一次提前还款20万元相当于后6年的月还款额：

$A_2=P_2\times[i_2(1+i_2)^n]/[(1+i_2)^n-1]$

$=200\ 000\times[0.5\%(1+0.5\%)^{72}]/[(1+0.5\%)^{72}-1]$

$=3\ 314.48$(元)

(4) 第5年开始的抵押贷款月还款额：

$A=A_1-A_2=9\ 325.74-3\ 314.48=6\ 011.26$(元)

[例 4-10]　同上题条件，该家庭是在1999年10月10日购房，并在2004年5月10日提前还款20万元。问该家庭自2004年6月10日开始的抵押贷款月还款额是多少？

解：(1) 已知：

$P_1=84$ 万元，$P_2=20$ 万元，$i_1=i_2=6\%/12=0.5\%$

$n_1=10\times12=120$(月)，$n_2=(120-55)=65$(月)

(2) 正常月还款额：

$A_1=9\ 325.74$(元)

(3) 在2004年6月10日一次提前还款20万元相当于后65个月的还款额：

$A_2=P_2\times[i_2(1+i_2)^n]/[(1+i_2)^n-1]$

$=200\ 000\times[0.5\%(1+0.5\%)^{65}]/[(1+0.5\%)^{65}-1]$

$=3\ 611.55$(元)

(4) 2004年6月10日开始的抵押贷款月还款额：

$A=A_1-A_2=9\ 325.74-3\ 611.55=5\ 714.19$(元)

5. 购买能力减弱变化：考虑一定还款比率条件下，剩余本金计算分析

[例 4-11]　某家庭购买住宅150平方米，单价8 000元/平方米，抵押贷款价值比率为70%，贷款年利率为6%，期限10年，月等额还款占借款总额的比例常数为0.65%。问该家庭抵押贷款到期后，须向银行一次偿还的剩余本金多少？

解：(1) 已知：

$P=8\ 000\times150\times70\%=84$ 万元，月还款常数 $\alpha=0.65$，$i=6\%/12=0.5\%$

$n=10\times12=120$(月)

(2) 正常月还款额：

$A=P\times[i(1+i)^n]/[(1+i)^n-1]$

$=840\ 000\times[0.5\%(1+0.5\%)^{120}]/[(1+0.5\%)^{120}-1]$

$=9\ 325.74$(元)

(3) 实际月还款额：

$A'=A\times\alpha=9\ 325.74\times0.65=6\ 061.73$(元)

(4) 每月欠还抵押贷款的月还款额：

$A''=A-A'=9\ 325.74-6\ 061.73=3\ 264.01$(元)

(5) 到期后须向银行一次偿还的剩余本金：

$F=A''[(1+i)^n-1]/i=3\ 264.01\times[(1+0.5\%)^{120}-1]/0.5\%$

$=534\ 903.83$(元)

6. 追加购买："加按"借贷组合分析

[例 4-12] 某家庭 2003 年 10 月 10 日购买住宅 150 平方米，单价 8 000 元/平方米，抵押贷款价值比率为 70%，贷款年利率为 6%，期限 10 年，2008 年 10 月 10 日"加按"，按产权人拥有的权益价值 50%计，当地住宅价值上涨率 7%。问该家庭最多可得到的抵押贷款是多少？

解：(1) 2008 年 10 月 10 日该住宅的市场价值：

$V=8\ 000\times150\times(1+7\%)^5=1\ 531\ 537.88$(元)

(2) 第一次抵押贷款月还款额：

$A=P\times[i(1+i)^n]/[(1+i)^n-1]$

$=8\ 000\times150\times70\%\times[0.5\%(1+0.5\%)^{120}]/[(1+0.5\%)^{120}-1]$

$=9\ 325.74$(元)

(3) 2008 年 10 月 10 日该住宅尚未还清的第一次抵押贷款市场价值的现值(还有 5 年)：

$V_m=A/i\times[1-(1+i)^{-n}]=9\ 325.74/0.5\%\times[1-(1+0.5\%)^{-60}]$

$=482\ 379.13$(元)

(4) 该住宅的权益价值：

$V_E=V-V_m=1\ 531\ 537.88-482\ 379.13=1\ 049\ 158.75$(元)

(5) 第二次可得到的抵押贷款额：

$V'=V_E\times50\%=1\ 049\ 158.75\times50\%=524\ 579.37$(元)

7. 组合式购买：次级贷款组合分析

美国金融机构发放的次级抵押贷款，采用复合式可调整贷款利率，称为"m/n"贷款，亦即借款人在最初 m 年内依照贷款合同约定的某一固定初始利率支付利息，而从第 $m+1$ 年开始将固定利率变为每隔半年以伦敦银行同业拆借利率为基准重新确定的调整利率还本付息，又称"重置利率"。

[例 4-13] 某家庭于 2003 年购买一套住房，总价 20 万美元，申请了 15 万美元的贷款，期限 20 年，前 4 年固定年贷款利率为 7.5%，采用复合式可调整利率贷款。如果该家庭 2003 年和 2007 年的月家庭收入分别为 2 900 美元和 3 300 美元，2007 年调整后的年贷款利率为 9%，则该家庭在 2003 年和 2007 年前半年的月还款额占家庭收入的比例分别是多少？

解：设 R_1 和 R_2 分别代表该家庭在 2003 年和 2007 年前半年的月还款额占家庭收入的比值。

(1) 前 4 年执行固定利率期间的月还款额：

$A=P\times i=150\ 000\times 7.5\%/12=937.5$(美元)

(2) 前4年执行固定利率期间的月还款额占家庭收入的比例：

$R_1=A/$月收入$\times 100\%=937.5/2\ 900\times 100\%=32.33\%$

(3) 2007年后调整年贷款利率为9%，则：

$i'=9\%/12=0.75\%$

$n'=(20-4)\times 12=192$(月)

(4) 2007年调整年贷款利率后的月还款额：

$$A'=P\left[\frac{i'(1+i')^{n'}}{(1+i')^{n'}-1}\right]=150\ 000\times\frac{0.75\%(1+0.75\%)^{192}}{(1+0.75\%)^{192}-1}=1\ 476.78(\text{美元})$$

(5) 2007年调整年贷款利率后的月还款额占家庭收入的比例：

$R_2=A'/$月收入$\times 100\%=1\ 476.78/3\ 300\times 100\%=44.75\%$

思考与练习

1. 某房地产是在政府有偿出让的土地上开发建造的，土地出让年限为50年，现已使用了10年；该房地产正常情况下的年净收益为20万元，资本化率为10%。问该房地产的收益价格为多少？

2. 某宗房地产是在政府有偿出让的土地上建造的，土地使用权的剩余年限为50年；预计该房地产未来第一年的净收益为16万元，此后每年的净收益会在上一年的基础上增长2%；该类房地产的资本化率为10%。问该宗房地产的收益价格为多少？

3. 某商店的土地使用年限为40年，从1998年10月1日起计。该商店共有两层，每层有出租面积为200平方米：一层于1999年10月1日租出，租期为5年，可出租面积的月租金为180元/平方米且每年不变；二层现暂空置。附近类似商场一、二层可出租面积的正常月租金分别为200元/平方米和120元/平方米，运营费用率为25%。该类房地产的资本化率为9%。试估算该商场2002年10月1日带租约出售时的正常价格。

4. 某宗房地产预计未来第一年的净收益为12万元，第二年的净收益为14万元，从第三年起维持在这个水平上保持5年，之后于经营期末以800万元转让，该房地产的综合还原利率为6%。问若在经营期初投入1 000万元是否合算？

第五章　房地产项目财务评价与投资风险分析

本章学习目标：

了解房地产项目财务评价的基础知识；掌握房地产投资风险分析的基本内容。

技能点：

1. 能进行建设项目投资估算；
2. 认识房地产开发投资风险并进行分类。

知识点：

1. 财务评价的作用；
2. 财务评价的原则；
3. 财务评价的基本原理；
4. 财务评价指标体系；
5. 房地产投资风险的类型。

掌握点：

1. 房地产项目经营中涉及的主要税种及简单计算；
2. 房地产投资风险的度量。

第一节　房地产项目财务评价

一、财务评价概述

(一) 财务评价的含义

财务评价是在国家现行会计制度、税收法规和市场价格体系下，预测估计项目的财务效益与费用，进行财务盈利能力分析和偿债能力分析，编制财务报表，计算评价指标，考察拟建项目的财务盈利能力、偿债能力等财务状况，据以判别项目的财务可行性。

财务评价是建设项目经济评价中的微观层次，它主要从微观投资主体的角度分析项目可以给投资主体带来的效益以及投资风险。作为市场经济微观主体的企业进行投资时，一般都进行项目财务评价。建设项目经济评价中的另一个层次是国民经济评价，它是一种宏观层次的评价，一般只针对某些在国民经济中有重要作用和重要影响的大中型重点建设项目以及特殊行业和交通运输、水利等基础性、公益性建设项目。

（二）财务评价的作用

1. 财务评价是项目建议书和可行性研究报告的重要组成部分

可行性研究是对投资项目涉及的诸多方面进行研究和评价，但市场、建设规模和产品方案、工艺技术、工程方案等方面的研究成果最终都要通过财务评价来体现，也就是说，项目方案的优劣及其财务可行性最终都要通过财务评价来体现。因此，财务评价是项目建议书和可行性研究报告必不可少的重要组成部分。

2. 财务评价结论是主要的决策依据

虽然财务评价结论不是唯一的决策依据，但的确是重要的决策依据。一般通过财务评价衡量盈利能力和考察清偿能力，作出投资决策和初步的融资决策。特别是在市场经济条件下，对竞争性项目来说，财务评价是主要的决策依据。

3. 非营利项目的财务评价可以使有关各方做到心中有数

对于非营利性项目，虽然其投资决策并不一定依据财务评价结论，但对其进行必要的财务评价，可以对将来项目运营后的财务收支情况心中有数，便于在决策前就对其采取某些措施，使其能顺利运营，实现投资目标。

4. 财务评价是方案比较和选取的重要手段

方案比较是可行性研究的精髓。在可行性研究全过程的每一步，都应该进行多方案比较。大多采用财务数据对各备选方案进行比较，选出相对优化的方案。

5. 配合投资各方协议、合同、章程的谈判，促使各方在平等互利基础上进行经济合作

随着投资形式日趋多样化、投资主体日趋多元化，中外合资合作项目、国内合资合作项目越来越多，财务评价结果可以体现出各方收益分配，也即各方的利益。因此，财务评价在配合投资各方协议、合同、章程的谈判，促使各方在平等互利基础上进行经济合作的作用正在加强。

（三）财务评价的原则

财务评价应遵循以下原则：

1. 效益与费用计算范围的一致性原则

为了正确评价项目的获利能力，必须遵循效益与费用计算范围的一致性原则。如果在费用估算中考虑了某项工程或因素，而因此增加的效益没有被估计，就会低估了项目的效益；反之，如果只考虑该工程或该因素产生的效益，却未计算因此增加的费用，项目的效益就会被高估。只有遵循费用与效益计算范围的一致性原则，将项目投入和产出的估算限定在同一范围内，才能真实地反映项目的效益。

2. 效益与费用识别的有无对比原则

采用有无对比方法识别投资项目的效益和费用是国际上项目评价中通用的基本原则，财务评价当然也不例外。有无对比是指“有项目”情况与“无项目”情况的对比。所谓“有项目”是指实施项目后的将来状况，“无项目”是指不实施项目时的将来状况。在识别项目的效益和费用时，须注意只有“有无对比”的差额部分才是由于项目的建设增加的效益和费用，即增量效益和费用。

即使不实施该项目，由于各种原因，现状效益可能会出现三种情况：可能不变；可能增加；还可能降低。

采用有无对比的方法，就是为了识别那些真正应该归入项目效益的部分，即增量效益，排除那些其他原因产生的效益；同时，也要找出与增量效益相对应的增量费用，只有这样才能真正体现项目投资的净效益。

有无对比原则适用于所有类型的项目。有无对比直接适用于依托旧项目进行的改扩建与技术改造项目、停缓建后又恢复建设项目的增量效益分析。对于从无到有进行建设的新项目，有无对比原则同样适用，此时通常将无项目情况视为与现状相同，也即现状和无项目时效益与费用同为零。如果考虑无项目时，可能会新建另一个项目，此时就由对该项目的评价转化成对这两个项目进行比较的问题了。

3. 动态分析与静态分析相结合，以动态分析为主的原则

动态分析方法是指根据资金时间价值原理。考虑项目整个计算期内各年的效益和费用，采用现金流量分析的现值法，计算内部收益率和净现值等评价指标。这是国际上通行的项目评价方法。我国于 1987 年和 1993 年由国家计委和原建设部发布施行的《建设项目经济评价方法与参数》的第一版和第二版，都采用了动态分析与静态分析相结合，以动态分析为主的原则，制定出了一整套项目评价方法与指标体系。一直沿用至今。2002 年由国家计委办公厅发文试行的《投资项目可行性研究指南》同样采用了这条原则。2006 年 7 月 3 日国家发展改革委和原建设部发布施行《建设项目经济评价方法与参数》(第三版)。

(四) 财务评价的依据

1. 政策法规依据

财务评价要以预测的财务收支(即财务效益和费用)为基础，为了使预测的财务效益和费用尽可能符合将来的实际情况，以合理反映项目投资的效益，财务评价必须在国家的产业政策、现行会计制度、税收法规的基础上进行。因此，国家和地方的各种政策法规是财务评价的重要依据。

2. 方法和参数依据

为了使财务评价结果合理可信，具有可比性，相关部门发布了关于可行性研究的一些规定，包括“方法与参数”及部门实施细则，还有“可行性研究指南”做指导，部门和大型专业公司也有其具体的方法和参数。2000 年 9 月由原建设部发布的《房地产开发项目经济评价方法》是房地产开发项目进行可行性研究的指南，而本书所提供的房地产投资项目财务评价方法及相关的评价报表与评价指标，是笔者在利用国家与行业发布的财务评价方法与参数的基础上，结合自身多年教学、科研与实践经验，总结而得，供读者借鉴、参考。本书后面所附的有关房地产项目可行性研究与财务评价的案例，都是利用笔者所构建的财务评价体系与财务报表完成的，可供读者对照使用。

(五) 财务评价的基本原理

财务评价的基本原理是从基本报表中取得数据，计算财务评价指标，然后与基本参数作比较，根据一定的评价标准，决定项目的取舍。因此，财务评价是一种规范化的体系，该体系由三部分组成：财务报表、财务评价指标和用于财务评价的行业或国家参数，其作用原理如图 5－1 所示。

(六) 财务评价的基础数据和基本财务报表

财务评价的实质是对基础数据进行加工,使其系统化、表格化,以最终计算评价指标来反映项目的本质状况。因此,财务评价的基础数据是制约和影响项目经济效益好坏的基本依据,它们之间既相互独立又存在着一定的联系。

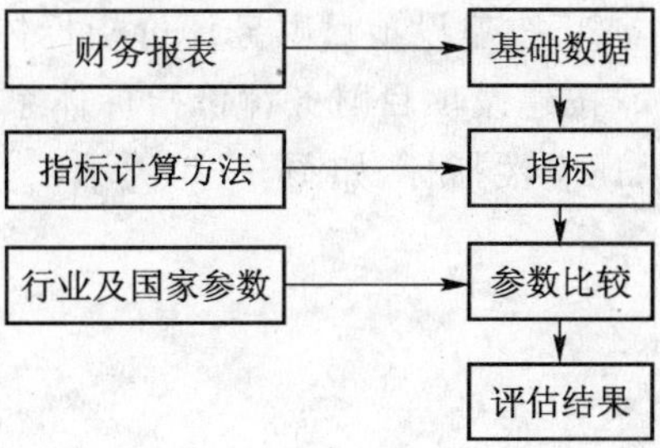

图 5-1　财务评价作用原理图

基础数据资料主要通过市场调查、投资分析与预测分析取得,在此基础上进行财务预测,形成投资估算表、投资计划与资金筹措表、借款还本付息表、生产成本费用表,销售收入预测表、销售税金及附加估算表等一系列辅助性报表。

然后,根据上述财务预测数据汇总,编制出一套基本的财务报表,主要包括:

(1) 利润表。反映项目在计算期内逐年的成本、税后利润和收益状况。

(2) 现金流量表(包括全部投资和自有资金投资)。反映项目在计算期内的全部经济活动状况。

(3) 资金来源与运用表。

反映项目在计算期内各年的资金盈余或短缺情况。

(4) 资产负债表。反映项目在计算期内各年末资产、负债和所有者权益变化状况及对应关系。

对于涉及外汇的项目,还需编制外汇平衡表。

(七) 财务评价指标体系

财务评价效果的好坏,一方面取决于基础数据的可靠性,另一方面则取决于所选取的评价指标体系的合理性。只有选取正确的评价指标体系,财务评价的结果才能与客观实际情况相吻合,才具有实际意义。一般来讲,由于投资者有不止一个的目标,因此项目的评价指标体系也不是唯一的。根据不同的评价深度要求和可获得资料的多少,以及项目本身所处条件与性质的不同,可选用不同的指标。这些指标有主有次,可从不同的侧面反映项目的经济效果。

建设项目财务评价指标体系根据不同的标准,可作不同的分类。

1. 按建设项目财务评价指标体系的作用划分

按建设项目财务评价指标体系的作用划分,财务评价指标体系可分为静态盈利分析指标、动态盈利分析指标和清偿能力分析指标,如图 5-2 所示。

- 项目财务评价指标
  - 静态盈利分析指标
    - 投资利润率
    - 投资利税率
    - 资本金利润率
  - 动态盈利分析指标
    - 财务净现值(FNPV)
    - 财务净现值率(FNPVR)
    - 财务内部收益率(FIRR)
    - 动态投资回收期
  - 清偿能力分析指标
    - 借款偿还期
    - 利息备付率
    - 偿债备付率

图 5-2　财务评价指标分类之一

2. 按建设项目财务评价指标体系的性质划分

按建设项目财务评价指标体系的性质划分，财务评价指标体系可分为时间性指标、价值性指标、比率性指标，如图 5-3 所示。

- 项目财务评价指标
  - 时间性指标
    - 静态投资回收期
    - 动态投资回收期
    - 借款偿还期
  - 价值性指标——财务净现值（FNPV）
  - 比率性指标
    - 财务内部收益率（FIRR）
    - 财务净现值率（FNPVR）
    - 投资利润率
    - 投资利税率
    - 资本金利润率
    - 利息备付率
    - 偿债备付率
    - 资产负债率
    - 流动比率
    - 速动比率

图 5-3　财务评价指标分类之二

二、建设项目投资估算

投资估算是指在整个投资决策过程中，依据现有的资料和一定的方法，对建设项目投资数额进行的估计，是项目决策的重要依据之一。投资估算要有准确性，如果误差太大，必将导致决策的失误。因此，准确、全面地进行建设项目的投资估算，是项目可行性研究乃至整个项目投资决策阶段的重要任务。

（一）投资估算的作用

一般来讲，投资估算具有以下几个方面的作用：

(1) 是筹措基本建设资金和金融部门批准贷款的依据；

(2) 是确定设计任务书的投资额和控制初步设计概算的依据；

(3) 是可行性研究和在项目评估中进行技术经济分析的依据。

（二）投资估算的阶段划分

建设项目的不同研究评价阶段，要求有不同的投资估算质量。联合国工业发展组织（UNIDO）为发展中国家推行项目可行性研究而编写的《工业可行性研究手册》一书中，根据经验数据，提出了按阶段变化的投资估算可能误差的理想平均值。其大致幅度为：机会研究阶段，±30%；初步可行性研究阶段，±20%；可行性研究阶段，±10%。对此，可将项目投资估算按其精度和适用范围归为如下五类：

1. 毛估

毛估是指根据设想的开发项目和平均单价估算投资总额，或是简单评价一个项目是否值得作进一步研究。其估算误差>±30%。

2. 粗估

粗估是指根据初步打算的开发项目和平均单价估算投资总额，来表明一个项目是否可行。其估算误差为±(20%～30%)

3. 初步估算

初步估算是指根据初步计划的开发项目和较确切的单价估算投资总额，来决定一个项目是否可行。其估算误差为±20%。

4. 确定性估算

确定性估算是指根据较详细的开发项目计划和较准确的单价估算投资总额，来决定项目拨款，并据此确定项目是否设计和施工。其估算误差为±10%。

5. 详细估算

详细估算是指根据项目开发的施工设计图纸、预算定额和单价估算的项目投资额，来控制管理项目建设。其估算误差应在±5%以内。

(三) 建设项目总投资

1. 建设项目总投资构成

要办一个工厂，一共要花多少钱，有时很难用一句话说清楚，这是因为大家用的计算口径和范围常常不一致。一个工厂建成后，仅有厂房、设备和设施还不能运行，还要有一笔钱来购买原料、半成品、燃料和动力等，待产品卖出以后才能收回这笔资金。从动态看，工厂在生产经营过程中，始终有一笔用于原材料、半成品、在制品和成品储备占用的资金，当然，还有一笔必要的现金被占用着。在投资估算时，要把这笔投资也考虑在内。

按照国际上通用划分规则和我国的财务会计制度，总投资的构成如图 5－4 所示。

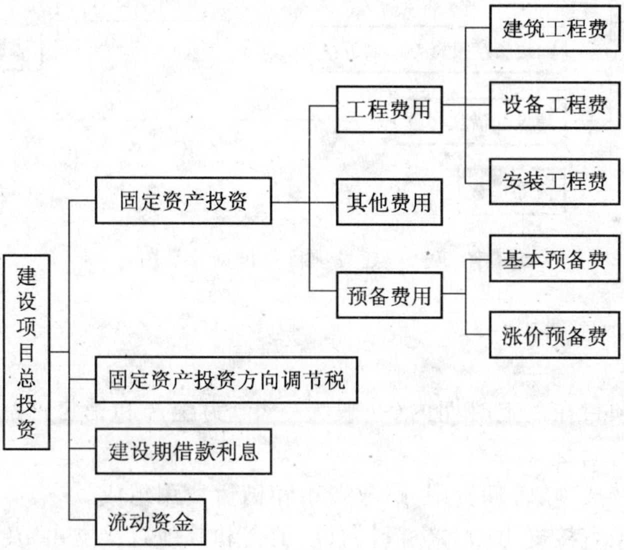

图 5－4　建设项目总投资的构成

根据资本保全原则，当项目建成投入经营时，固定资产投资、投资方向调节税和建设期利息形成固定资产、无形资产及递延资产三部分。

固定资产是指使用期限超过一年，单位价值在规定标准以上，并且在使用过程中保持原有形态的资产，包括房屋及建筑物、机器设备、运输设备、工具、器具等。

无形资产是指能长期使用但没有实物形态的资产，包括专利权、商标权、土地使用权、非专利技术、商誉等。

递延资产是指不能全部计入当年损益，应当在以后年度内分期摊销的各项费用，主要是指开办费，包括筹建期间的人员工资、办公费、培训费、差旅费和注册登记费等。

为简化计算，可将预备费用和建设期利息全部计入固定资产原值。

2. 建设项目总投资的分类

在建设项目总投资的构成中，通常把其中的建筑安装工程费用、设备和工器具购置费用、其他费用以及预备费中的基本预备费部分，合称为静态投资，有些书中也称其为概算投资。而将建设期贷款利息、固定资产投资方向调节税以及预备费中的涨价预备费部分，合称为动态投资。如图 5-5 所示。

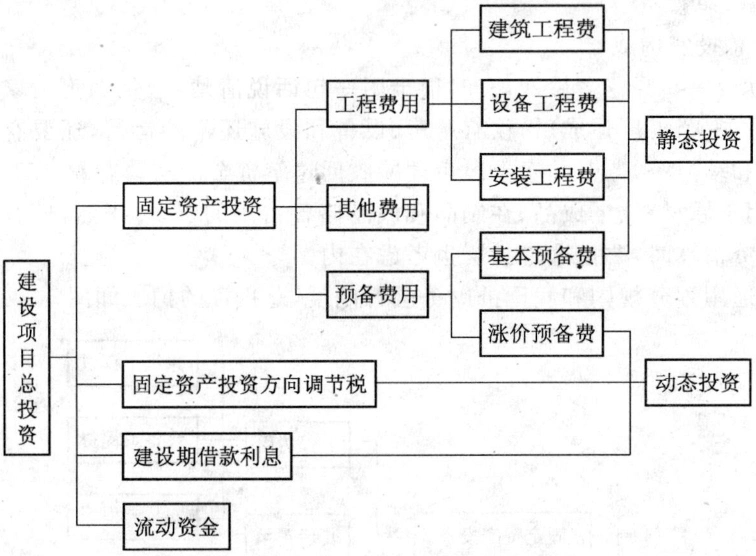

图 5-5　建设项目总投资分类图

（四）建设项目的成本费用

1. 总成本费用

总成本费用是指项目在一定时期内（一般为一年）为生产和销售产品而花费的全部成本和费用。

总成本费用由生产成本、管理费用、财务费用和销售费用组成。

生产成本包括各项直接支出（直接材料、直接工资和其他直接支出）及制造费用。

制造费用是指为组织和管理生产所发生的各项费用，包括生产单位（分厂、车间）管理人员工资、职工福利费、折旧费、维简费、修理费及其他制造费用（办公费、差旅费、劳动保护费）。

管理费用是指企业行政管理部门为管理和组织经营活动发生的各项费用，包括管理人员工资和福利费、折旧费、修理费、无形及递延资产摊销费及其他管理费用（办公费、差旅费、劳动保护费、技术转让费、土地使用税）。

财务费用是指为筹集资金而发生的各项费用，包括生产经营期间发生的利息净支出及其他财务费用(汇兑净损失等)。

销售费用是指为销售产品和提供劳务而发生的各项费用，包括销售部门人员工资、职工福利费、折旧费、修理费及其他销售费用(广告费、办公费、差旅费等)。

综上所述，总成本费用的构成可用图 5-6 表示。

2. 经营成本

在技术经济分析中，要引入企业财务会计中所没有的经营成本这一概念。

- 生产总成本费用
  - 生产成本
    - 直接材料
    - 直接工资
    - 直接其他支出
  - 制造费用
  - 管理费用
  - 财务费用
  - 销售费用

图 5-6　生产总成本费用构成图(之一)

在对建设项目进行技术经济分析时，必须考察特定经济系统的现金流入与现金流出。从前述对产品成本构成所做的分析可以知道，产品的成本中包含有固定资产折旧费、摊销费、维简费和贷款利息等。而实际上，固定资产折旧是对固定资产磨损的价值补偿，并不是真正发生的现金流出。在技术经济分析中，固定资产投资是计入现金流出的，如再将折旧随成本计入现金流出，会造成现金流出的重复计算。摊销费也一样。在采掘工业项目中实行按产量提取“维简费”，维简费是维持简单再生产资金的总称，不提折旧，也属于非现金支出。贷款利息是使用借贷资金所要付出的代价，对于企业来说是实际的现金流出，但在评价项目全部投资的经济效果时，并不考虑资金来源问题，在这种情况下不用考虑贷款利息的支出。因此，为了计算与分析的方便，技术经济分析中一般将经营成本作为一个单独的现金流出项目。其计算公式为：

经营成本＝总成本费用－折旧费－摊销费－维简费－利息支出

由此形成了生产总成本费用的第二种构成方式，如图 5-7 所示。

为了简化计算，图 5-7 中将工资及福利费、折旧费、修理费、利息支出进行归并后分别列出，该图中“其他费用”是指在制造费用、管理费用、财务费用和销售费用中扣除工资及福利费、折旧费、修理费、摊销费和利息支出后的费用。

3. 可变成本与固定成本

产品成本按其与产量变化的关系分为可变成本、固定成本和半可变成本(或半固定成本)。在产品总成本中，有一部分费用随产量的增减而成比例地增减，称为可变成本，如原材料费用一般属可变成本。另一部分费用与产量的多少无关，称为固定成本，如固定资产折旧费用、管理费用。还有一些费用，虽然也随产量增减而变化，但非成比例地变化，称为半可变(半固定)成本。通常将半可变成本进一步分解为可变成本与固定成本。因此，产品总成本费用最终可划分为可变成本和固定成本。由此形成了总成本费用的第三种构成方式，如图 5-8 所示。

- 生产总成本费用
  - 工资及福利费
  - 折旧费
  - 修理费
  - 利息支出
  - 其他费用

图 5-7　生产总成本费用构成图(之二)

- 生产总成本费用
  - 可变成本
  - 固定成本

图 5-8　生产总成本费用构成图(之三)

三、房地产项目经营税费主要税种

房地产项目经营税费实际上包含两大部分，即房地产项目开发期间的税费与房地产项目经营期间的税费。而房地产项目经营期间的税费，对于房地产投资项目而言，主要是指其在销售与交易阶段发生的税费。它们不参与投资与成本费用的构成，只是作为销售收入的扣减。这些税费主要包括如下两大部分：

（一）与转让房地产有关的税费

1. 营业税

营业税是对在我国境内提供应税劳务（包括交通运输业、建筑业、金融保险业、邮电通信业、文化体育业、娱乐业、服务业）、转让无形资产或者销售不动产的单位或个人所获得营业额征收的一种税。

营业税按营业额（这里指房地产销售收入）的5%计征。

营业税税目税率情况如表5-1所示。

表5-1　营业税税目税率表

税目	征收范围	税率	计征依据
1. 交通运输业	陆路运输、水路运输、航空运输、管道运输、装卸搬运	3%	营业额
2. 建筑业	建筑、安装、修缮、装饰及其他工程作业	3%	营业额
3. 金融保险业	商业银行、保险公司	5%	营业额
4. 邮电通信业	邮电局、电信公司	3%	营业额
5. 文化体育业	文化公司、体育俱乐部	3%	营业额
6. 娱乐业	歌厅、舞厅、卡拉OK厅、歌舞厅、音乐茶座、台球、高尔夫、保龄球、游艺	5%～20%	营业额
7. 服务业	代理业、旅店业、饮食业、旅游业、仓储业、租赁业、广告业及其他服务业	5%	营业额
8. 转让无形资产	转让土地使用权、专利权、非专利技术、商标权、著作权、商誉	5%	转让额
9. 销售不动产	销售建筑物及其他土地附着物	5%	销售额

2. 城市维护建设税

城市维护建设税是对在我国境内既享用城镇公用设施，又有经营收入的单位和个人征收的一种税。开征城市维护建设税的目的，是为了进一步扩大城市建设，提供城市维护和建设的资金来源。

城市维护建设税以单位和个人实际缴纳的增值税、营业税、消费税（对房地产销售而言，仅指营业税）税额为计征依据，税率为7%，与“三税”同时缴纳；外资企业免征。

3. 教育费附加

征收教育费附加的目的，是为了加快发展地方教育事业，扩大地方教育经营的资金来源。

教育费附加以单位和个人实际缴纳的增值税、营业税、消费税(对房地产销售而言,仅指营业税)的税额为计征依据,附加率为3%,与“三税”同时缴纳;外资企业免征。

4. 印花税

印花税是对经济活动中书立领受各种凭证而征收的税种。房地产经济活动中书立设计、建筑施工承包合同、房产租赁合同、借款抵押合同、房地产转移合同、领受产权证书等,均要按规定缴纳印花税。

印花税的计征标准如下:

(1) 在办理房地产权属证件时,应按权利许可证照,按件交纳印花税五元;

(2) 按商品房购销合同记载金额的万分之三计算印花税;

(3) 发生房屋、财产租赁时,按租赁合同记载金额的千分之一计算印花税;

(4) 向银行贷款,按借款合同金额的万分之零点五计算印花税;

(5) 会计账簿,每本贴印花税票5元。

5. 交易服务费

房地产交易服务费开征的目的是为了加强房地产交易管理,保障房产买卖双方当事人的合法权益。该项费用已包括了与房地产交易有关的一切手续、估价及表格、资料等费用。

以广州市为例,房地产交易服务费按房屋交易额的0.2%计征,买方负担0.1%,卖方负担0.1%。

特别值得注意的是,按房屋总价的2%~3%征收的公共维修基金由购房人出资。对于实行商品房预售的房地产开发企业而言,一般还要缴纳一笔商品房预售款监督管理服务费,如广东省规定按监督管理预售款项的2‰计征。

(二) 土地增值税

土地增值税是以转让房地产取得的增值额为征税对象征收的一种税。其实质是对土地收益的课税。

1. 税额计算

土地增值税实行四级超率累进税率:增值额未超过扣除项目金额50%的部分,税率为30%;增值额超过扣除项目金额之50%、未超过扣除项目金额100%的部分,税率为40%;增值额超过扣除项目金额100%、未超过扣除项目金额200%的部分,税率为50%;增值额超过扣除项目金额200%的部分,税率为60%。

由此可知,土地应纳税额的计算,按下列公式进行:

$$土地增值额=转让房地产的总收入-扣除项目金额$$

$$应纳税额=土地增值额\times适用税率$$

若土地增值额超过扣除项目金额50%以上的,即同时适用于二档或二档以上适用税率的,则需分别计算。

[例5-1] 某单位出售房地产的收入为300万元,扣除项目的金额为150万元,试求应缴纳的土地增值税额。

解:

应纳税额应按以下方式计算:

(1) 土地增值额=300-150=150(万元)

(2) 土地增值额与扣除项目金额之比为 150÷150＝100％

(3) 税率分别为 30％和 40％；

(4) 应纳税额＝150×50％×30％＋(150－150×50％)×40％

＝75×30％＋75×40％

＝52.5(万元)

为简化计算，可按增值额乘以适用的税率减去扣除项目金额乘以速算扣除系数的方法计算。计算公式如下：

应纳税额＝土地增值额×适用税率－扣除项目金额×速算扣除率

适用税率与速算扣除率如表 5－2 所示。

对于上述例子，计算其应缴纳的土地增值税，代入公式有：

应纳土地增值税＝150×40％－150×5％

＝52.5(万元)

表 5－2　土地增值税适用税率和速算扣除率

级距	增值率	税率	速算扣除率
1	增值率 50％以下部分	30％	0
2	超过 50％至 100％部分	40％	5％
3	超过 100％至 200％部分	50％	15％
4	超过 200％部分	60％	35％

注：增值率即房地产增值额与扣除项目金额之比。

2. 免税规定

有下列情形之一的，免征土地增值税：

(1) 纳税人建造普通标准住宅出售，增值额未超过扣除项目金额 20％的。考虑到我国房地产业的特殊性及人民居住条件的实际情况，税法规定，对建造普通标准住宅出售，其增值额未超过扣除项目金额 20％的项目免税。这是因为，这些房地产项目大多是微利性质，投入大、收益小，应从税收政策上给与支持和鼓励。同时，也可避免因征土地增值税后又征所得税，使税负显得过重。

这里所讲的普通标准住宅，是指一般居住用住宅。高级别墅、公寓、小洋楼、度假村等以及超面积、超标准、豪华装修的住宅，均不属于普通标准住宅。免税的普通标准住宅，须经主管税务机关确认。

(2) 因国家建设需要征用的房地产。因国家建设需要而被政府征用的房地产，是指因城市市政规划、国家重点项目建设的需要，而被政府征用的房地产。

特别值得注意的是，在现实中，各地政府为简化土地增值税的计算程序，都制定了相应的实施细则。以广州市为例，该市的土地增值税一律按房地产销售收入的 1％计征。

(三) 企业所得税

企业所得税是指对在我国境内实行独立经济核算的企业或组织的生产、经营所得和其他所得征收的一种税。企业所得税法定税率为 25％，内资企业和外资企业一致，国家需要重点扶持的高新技术企业为 15％，小型微利企业为 20％，非居民企业为 20％。其计算公式如下：

企业应纳所得税＝当期应纳税所得额×适用税率

应纳税所得额＝收入总额－准予扣除项目金额

第二节　房地产投资风险分析

一、房地产投资风险的含义

一般来讲，风险就是一个事件产生人们不希望后果的可能性。从房地产投资的角度来说，风险可以定义为未来获得预期收益的可能性。或者说，房地产投资风险是由于投资房地产而带来的损失的可能性，这种损失包括所投入资本的损失和预期收益未达到的损失。

房地产投资具有较高的投资报酬率，但由于房地产投资额大、周期长、位置的不可移动性以及市场竞争不充分等特点，使房地产投资的风险程度也较高。

在房地产投资活动中，风险的具体表现形式有：

(1) 高价买进的房地产，由于种种原因只能以较低的价格卖出；

(2) 卖出价虽然高于买入价，但是卖出价低于市场价或预期价格；

(3) 用于房地产投资的资金没有按期、足量收回，或不能收回；

(4) 迫于各种压力，在违背自己意愿的情况下低价抛售房地产。

二、房地产投资风险的类型

房地产投资风险，可按不同标准分为不同类型。

(一) 从房地产开发投资的角度，按实质内容的不同划分

1. 政策风险

政策风险是指政策发生变化而带来的投资风险。房地产投资是一项政策性很强的投资活动，它受多种政策的影响和制约，如投资政策、金融政策、产业政策、房地产管理政策及税费政策等。这些政策都会对房地产投资者收益目标的实现产生巨大影响，从而给房地产开发投资者带来投资的风险。

房地产业由于与社会经济发展紧密相关，因此，在很大程度上受到政府的管控。例如，政府对租金、售价的限制，对外资的控制，对土地的控制，对环境保护的要求，尤其是对投资规模、投资方向以及金融的控制，以及新税收政策的制定，都可能对房地产投资带来风险。在市场环境还不完善的情况下，政策风险对房地产市场的影响尤为重要。因此，房地产开发商都非常关注房地产政策的变化趋势，以便及时处理由此引发的风险。

2. 市场供求风险

任何市场的供给与需求都是动态的和不确定的，这种动态不确定性决定了市场中的经营者收入的不确定性，因为经营者的收入主要是由市场的供给和需求决定的。比如，当供给短缺或是需求不足时，都将令房地产市场的主体，即买方或卖方中的一方受到损失，这种由于供给和需求之间的不平衡而导致的房地产经营者的损失，就是市场供求风险。这是整个房地产市场中最重要、最直接的风险之一。

市场是不断变化的，房地产市场上的供给与需求也在不断变化，而供求关系的变化必然造成

房地产价格的波动，具体表现为租金收入的变化和房地产价格的变化，这种变化会导致房地产投资的实际收益偏离预期收益。更为严重的情况是，当市场内结构性过剩（某地区某种房地产的供给大于需求）达到一定程度时，房地产投资者将面临房地产积压或空置的严峻局面，导致资金占压严重、还贷压力增加，极易导致房地产投资者投资的失败。

因此，只有对房地产供求关系作出客观、准确的判断，并进行科学的预测，把握房地产市场供求关系的客观规律，才有可能规避该风险。

3. 财务风险

财务风险是指房地产项目融资、负债经营等财务管理方面存在的风险。房地产开发企业负债经营的目的是借助杠杆效应，减少平均负担的固定成本，从而增加额外收益。然而，如果过度举债、资金运用不当，不仅会增加融资成本，减少投资收益，还有可能因无法按期清偿债务，而失去抵押物或使企业面临破产的危险。特别是当房地产市场疲软，销售不畅，利润下降，杠杆效应就会呈现负影响状态。

4. 经营风险

经营风险是指房地产投资项目经营管理决策失误造成的风险。例如，承包形式的决策、承包方的选择、营销渠道的选择、营销策略的制定、价格策略的制定等方面存在的风险。

对房地产开发投资来讲，经营风险是一个十分重要的风险项目。通常，开发商都很重视对该风险的预防，通过加强市场调研与分析来努力避免该风险的发生。

（二）从房地产投资开发周期角度来划分

从房地产投资开发周期角度来划分，可以把房地产投资风险分为以下几种类型：

1. 投资开发前期的风险

房地产投资开发前期的风险是指投资计划实施前期的风险，如选址风险、市场定位风险、融资风险、投资方案决策风险等。该风险主要是由市场研究、项目评估分析与预测带来的。当然，融资资本结构的变化也是该项风险的诱因。

由于房地产投资自身的特点，投资开发前期风险的危害特别大，一旦决策失误，往往会使项目遭受较大的收益损失，甚至导致项目开发的惨重失败。

2. 开发建设期间的风险

开发建设期间的风险是指从房地产项目正式动工到交付使用这一阶段的风险。例如，按时完工风险、成本控制风险、工程质量风险等。该项风险的主要原因涉及承包商的项目控制与管理能力、通货膨胀以及不可预见事件的发生等。

3. 经营阶段的风险

房地产投资经营阶段的风险包括两部分内容：一是投资经营的风险。例如，由于投资计划安排不当、融资计划考虑不周带来的资金周转风险。二是房地产市场营销风险。例如，由于市场定位及定价和营销措施不力等带来的风险。

4. 竣工验收风险

在竣工验收阶段，能否按时完成竣工验收和向购房者交房直接关系到项目开发是否真正成功。一旦不能按时交房，不但需要承担违约责任，同时还要面临其他由此引起的风险，比如信誉风险、政策风险等。

5. 管理阶段风险

管理阶段风险是指房地产工程竣工、交付使用后的物业管理阶段的风险。例如，与住户关系处理不当带来的纠纷，住户入住后在安全、卫生管理方面存在的风险等。

三、房地产投资风险的度量

投资风险的度量包括风险程度和风险概率两个方面。

1. 投资风险程度的度量

投资风险程度用来描述风险造成损失的大小，又称为投资风险损失强度。在最大风险的情况下，投资者可能损失全部投资，也可能损失部分投资。投资风险损失强度是指在某一投资市场上，由于风险的存在使投资者可能遭受的最大损失在直接投资总额中所占的比重。

2. 投资风险概率的度量

投资风险概率用来描述投资风险发生可能性的高低，一般是用随机事件的概率分布评价指标，即标准方差来描述。

投资风险强度只能用来描述投资风险给投资者带来损失的大小，而投资风险的发生是一种随机事件，人们无法确切地获知风险发生的时间、地点，因此只能依据统计结果的分布状态来衡量其发生可能性的大小。

当描述风险参数的统计量呈正态分布时，可用标准方差及其变异系数来衡量其分布的离散程度，进而描述其发生风险可能性的大小。

期望值描述的是统计数列的集中(平均值)状态，标准方差则反映统计数列偏离期望值的状态，即所谓的离散趋势。标准方差的值越大(小)，说明未来的投资收益值偏离期望值的可能性越大(小)，投资风险也就越大(小)。

四、房地产投资风险的概率分析

(一) 概率、期望值与方差

概率是度量不确定性的方法，因此在任何存在有不确定性的决策中，都要用到概率。了解概率的相关概念，有助于房地产投资的概率分析。

1. 概率及概率分布

在房地产投资过程中，某一个参数是变动的，但变动多少，什么时间变动，是无法事先把握的，我们把这个参数称为随机事件。概率就是用来表示随机事件发生可能性大小的数值。具体来说，出现某种随机事件的次数与各种可能出现的随机事件的次数之和的比值就称为某一随机事件的概率。通常用 $P(x)$ 表示随机事件 x 可能出现的概率。

概率有以下基本性质：

(1) 概率为非负值，即 $P(x)\geqslant 0$；

(2) 任何随机事件 x 的概率都介于 0 和 1 之间，即 $0\leqslant P(x)\leqslant 1$；

(3) 必然事件的概率总是 1，即 $P(u)=1$；

(4) 不可能事件 v 的概率总是 0，即 $P(v)=0$；

(5) 所有随机事件的概率总和为 1，即 $\sum P(x)=1$。

所有随机变量可能出现的概率取值的分布情况，或者所有可能结果以及它们相关概率的排列，称为概率分布。概率分析就是分析和研究随机变量的概率分布情况，并据以预测期望值和标准差。在进行房地产开发项目评价时，一般只分析离散型随机变量的概率分布。

离散型随机变量的概率分布是指随机变量个数是有限的，其分布不是连续的，这时可以确定的概率值表示其概率分布情况。如房地产价格在销售时可能会出现下降10%、下降5%、不变、上升5%、上升10%五种情况，出现的随机变量的个数是有限的，因此可以称为离散型随机变量。如果可以判定上述随机变量出现的概率分别为0.1，0.3，0.3，0.2，0.1，则可以编制房地产价格的概率分布表。

2. 期望值 $E(x)$

随机变量的各个取值，以相应的概率为权数的加权平均数，叫随机变量的预期值，也称数学期望或均值，它反映随机变量取值的平均化。

随着随机变量取值的增多，相应的概率分布值也就越多，加权平均值就越接近于实际可能值。所以，期望值并不是一个真实的准确值。

3. 方差与标准差

方差是各种可能结果同预期结果差的平方和的加权平均值，由于方差用的观测值与分布均值的平方，其关系是非线性的，因此，用方差的平方根，即标准方差能够消除这种影响。

标准方差也称标准差、均方差以及标准偏差，反映了随机变量与预期值的偏离程度。标准差越小，说明随机变量取值偏离其期望值的离散程度越小，项目风险就越小；反之，亦反。

（二）概率的确定方法

在房地产开发项目投资分析中，确定各变量发生变化的概率是应用概率分析法的第一步，也是十分关键的一步。由于概率的确定通常是经过某种统计手段或预测估计的方法而计算出来的，故带有一定的主观性。所以，在这一过程中，要充分利用市场调查数据资料，同时也要利用专业人员的丰富经验和专家意见，加上投资分析者的科学判断，使各个概率值尽可能符合实际，接近精确。

具体而言，概率的确定方法主要有：

1. 专家会议法

专家会议法又称头脑风暴法，由美国人奥斯于1939年首创。该方法应用于概率的确定时，主要是根据确定房地产投资各个不确定因素发生概率的目的与要求，邀请房地产投资专家和其他相关专家，通过会议的形式对拟订的房地产投资不确定因素展开讨论分析，最后综合意见，作出判断，得出房地产投资各个不确定因素发生的概率。

该方法可在一个小组内进行，也可以由各个单个人完成，然后由负责人将他们的意见汇集起来，报送专业投资分析人员。

2. 德尔菲法

德尔菲法是美国著名咨询机构兰德公司于20世纪50年代初发明的。房地产投资概率确定中应用德尔菲法的主要步骤是：

首先，预测准备。该阶段的主要工作是成立评估领导小组，拟订评估提纲和征询表，以及确定专家人数和选定专家。专家人数一般以20～50人为宜，各专家一般相互之间没有什么联系，专业涵盖面涉及建筑、土地、风险分析与预测、房地产开发经营、市场分析等领域。

其次，进行概率评估。该阶段分四轮，第一轮由专家初步判断，第二轮专家根据补充资料修改，第三轮请少数不同意见的专家陈述理由，第四轮专家再次判断。

最后，对专家的评估结果进行加工整理和最后判断确定。

使用德尔菲法时，需要考虑专家意见的相对重要性，通常可用积极性系数与专家权威程度来表示。

3. 外推法

外推法是合成估计的一种方法，分为前推、后推和旁推三种情形。

前推法是根据历史经验和数据推断出未来事件发生的概率和后果，这是经常使用的方法。有些时候，还需要根据逻辑上或实践上的可能性，来推断过去发生的类似事件是否可能在本项目中发生以及可能性的大小。

在没有直接的历史经验数据可供使用的条件下，可采用后推法，即把未来的想象事件及后果与某个已知事件及其后果联系起来。在时间序列上也就是向前推算。

旁推法是利用不同但情况类似的其他项目的数据，对本项目的情况进行外推。例如，可以收集类似项目的情况来估计本项目各种不确定因素发生的概率及其程度。

（三）概率分析的主要方法

概率分析的方法有很多，主要介绍以下两种：

1. 概率树法

概率树法是一种用来分析和进行风险估计的有用方法。一般来说，概率树分析法使大规模或复杂问题分解成小的子问题，对这些小的子问题可以分别加以解决，然后重新组织起来。当问题具有某种可以肯定的结果时，这种分析方法是很有用的。

2. 蒙特卡洛法

蒙特卡洛法亦称模拟法或统计试验法。该方法运用蒙特卡洛模拟的统计功能，自动对项目评估中涉及的每个变量的数值进行选择和组合。这种方法的优点是无需进行复杂的运算，就能得到一个足够准确的近似结果。其实施步骤一般分为三步：

(1) 分析每一可变因素可能变化的范围并确定这些变化的概率分布。

(2) 通过模拟试验随机选取各随机变量的值，并使选择的随机值符合各自的概率分布。为此可使用随机数或直接用计算机求出随机数。

(3) 反复重复以上步骤，进行多次模拟试验，即可求出开发项目效益指标的概率分布或其他特征值。

这种概率分析的结果是否被开发商所接受，取决于开发商对待风险的态度和其接受风险的准则。用蒙特卡洛法进行风险分析能为开发商决策提供更加充分、翔实的信息。

（四）概率分析的一般步骤

概率分析是风险评价的主要手段，它是一种同时考虑事件的发生概率及其影响程度，用期望值指标来估价风险程度，以进行经济效益评价的投资分析方法。该方法根据不确定性因素在一定范围内的随机变动，分析确定这种变动的概率分布和它们的期望值以及标准偏差，进而为投资者决策提供可靠依据。

在进行项目评价过程中，概率分析一般仅对项目的财务净现值的期望值和出现财务净现值大于等于零时的累计概率进行计算。前者是以概率为权数计算出来的各种不同情况下的财务净现值的加权平均值；后者则反映了在各种可能情况下财务净现值出现大于和等于零时的累计概率。一般步骤如下：

(1) 列出各种要考虑的不确定性因素；

(2) 预计各种不确定性因素可能发生的情况，即其可能出现的各种数据值或变动幅度；

(3) 分别确定每种情况出现的可能性，即概率，各种可能情况出现的概率之和等于1；

(4) 分别求出各种可能情况下的财务净现值、加权平均值和期望值；

(5) 计算净现值大于和等于零的累计概率。

(五) 投资风险概率分析方法的评价

概率分析是一种运用概率理论研究不确定性因素的变动对项目经济效果指标影响的一种定量分析方法。通过概率分析可以了解项目的风险性大小。某个不确定性因素如果是敏感因素，但若发生的概率非常小，则实际给项目带来的风险就非常小，甚至可以忽略不计。

在实际工作中，需要根据项目的具体特点和决策工作的要求，确定对项目进行不确定性分析的内容、方法和深度。一般的做法是由浅入深、由易到难，先进行盈亏平衡分析，再进行敏感性分析，最后还要借助概率分析来尽量减少投资分析的偏差，为投资决策提供尽可能准确的依据。

五、房地产项目投资风险的防范与控制

房地产投资过程中的风险是一个普遍存在的问题，理性的房地产投资开发商并不否认和害怕风险，但也不任由投资风险发生、发展，而是在认识投资风险的基础上，及时发现或预测风险，并采取有效的措施化解、减轻和控制多种风险，实现最可能地减少投资者预期收益损失和保护投资者资金安全的目的。

(一) 房地产投资风险的防范

房地产投资风险的防范是指在损失发生前，采取各种预控手段，力求免除或减小风险。常见的投资风险防范策略与方法主要有：

1. 风险预控

风险预控是在房地产投资开发前进行风险控制。房地产投资风险预控最积极的办法是做好房地产市场调查研究。房地产投资开发的前提最终落脚在市场上，市场风险是房地产投资最直接的风险，能否降低市场风险，关键要看是否真正把市场的情况调查研究清楚。在正确的市场研究结论的前提下，房地产开发才能按计划进行。不正确的市场研究结论必然导致房地产开发的风险增加。

房地产市场调查研究是各种供求数据、收益和支出数据、资金成本数据等的直接或间接来源，也是房地产开发决策的重要依据，所以，必须高度重视房地产市场调研，并切实加强房地产市场调查研究的力量，只有这样，才能减少房地产投资开发的风险。

2. 风险回避

风险回避是指选择风险较小的投资项目或者放弃那些风险较大的投资项目。风险回避是一种相对彻底的防范房地产投资风险的方法，也是一种消极的风险防范策略，它在有效地防止投资风险发生的同时，也放弃了获取更高利润的可能。正因为这样，风险回避并不是投资者的首选避险策略。只有在风险程度特别高，或者风险程度虽不太高，但获利也不太理想的情况下，才使用该策略。

3. 风险转移

所谓风险转移是指房地产投资开发商通过一定的技术措施将其风险有意识地转嫁给与其有

相互经济利益关系的另一方承担的风险防范策略。按照技术措施的不同，风险转移策略可以划分为以下两种类型：

（1）非保险型风险转移。是指房地产投资开发商通过某种方式，将风险损失转由另一方承担和赔偿的风险防范策略。根据具体的转移方式，该策略又分为两种类型：

① 合同、契约形式的风险转移。即通过合同、契约的形式，将房地产投资项目的某些活动连同其风险损失的财务负担转移给非保险业的其他主体，以达到降低风险发生频率和减小风险损失程度的目的。例如，在拆迁阶段，开发商可通过拆迁承包合同的签订，将项目征地拆迁过程中可能遇到的各种风险转移给拆迁方。又如，在施工建设阶段，开发商可通过工程项目总承包合同的签订，将项目该阶段面临的建材、设备市场价格波动等风险转移给项目的施工方，等等。

② 财务形式的风险转移。即通过发行股票、寻找投资合作伙伴等寻求外部资金支持的形式，将部分投资的财务责任、风险损失转移他人的风险转移形式。该形式在转移风险的同时，也把大量的投资收益转移给了他人。从广义上讲，财务形式的风险转移也是一种合同、契约形式的风险转移，因为发行股票和购买股票本身就建立了合同，而寻找投资合作伙伴更需要合同。

（2）保险型风险转移。即通过参加保险，以小数额的保费为代价，将开发项目实施过程中可能遭受到的自然灾害、意外事故等风险损失转移给保险公司，由保险公司对被保险的经济损失提供保障。虽然，房地产投资者必须缴付一定的保险费，但由于这笔保费支出是定期而均匀的，因而它对房地产投资经营者的影响并不大，所以意外风险比较适合采用此策略。

不过，不是所有的风险都可通过保险来转移，保险公司经营的范围只包括纯粹保险。所以，房地产投资风险只能部分性地转移。

4. 风险组合

风险组合即通过多项目投资来分散风险，是将许多类似的，但不会同时发生的风险集中起来考虑，从而能较为准确地预测未来风险损失发生的状况，并使这一组合中发生风险的损失部分，能得到其他未发生风险损失且取得风险收益的投资项目的补偿。

风险组合是投资组合的另一种说法。投资组合理论的主要论点是：对于相同的宏观经济环境变化，不同投资项目收益会有不同。在这种情况下，把适当的投资项目组合起来，便可以形成一个最终和最理想的长远投资策略。换句话说，投资组合可以在预期收益率下使风险最低，或者使风险得到合理的分散，实现投资收益的最大化。

风险组合有不同类型项目组合、不同区域项目的组合和不同时间项目组合三种形式：

（1）不同类型项目组合。风险只是可能，不是现实。房地产投资存在风险是必然的，但并不是所有房地产投资都一定遭受风险损失。而且各种类型房地产投资的风险大小也不同，获取的收益也不同。因此，投资不同的房地产项目，将风险分散化，房地产投资者可能遭受的整体风险损失就会大大降低，从而可以获得可观的风险收益。例如，同时投资写字楼和住宅项目的开发，如果写字楼遭到风险损失，而住宅未受到风险损失，并获得较高的收益，则投入住宅部分的投资收益就能补偿投资写字楼部分的投资损失。

当然，各投资项目之间的相关性不能太强，相关性太强就会起不到降低投资风险的作用。

（2）不同区域项目组合。房地产商品的位置固定性决定了房地产市场是一个区域性的市场。由于各个地区的经济景气程度、经济政策、投资政策、产业政策、市场环境以及资金供求情况等各不相同，因此也带来了在不同地区投资的风险的大小不同。所以，进行不同区域投资项目组合，就可以有效地整合和降低房地产开发投资商的整体投资风险。比如，在香港新鸿基地产投资有限公司过去的一个董事决议中，要求在中国内地的投资不能超过其全部投资的10%，就是一个有效的不同区域项目组合，以降低投资风险的典型。

(3) 不同时间项目组合。房地产市场情况变化较大的情况下，确定一个合理的投资间隔，分别进行投资，可以避免市场的供求风险。例如，在住宅市场不明朗的情况下，不能所有大盘同时开发，而应分期开发，视市场供求特征的变化，随时调整投资开发的策略，以有效地避免投资风险。

事实上，大型房地产投资开发商进行房地产开发投资时，都非常注重研究其项目类型分布、地区分布以及时间分布的合理性，以期既不冒太大的风险，又不失去获取较高收益的机会。

5. 平衡交易

房地产开发投资中一个较普遍的平衡交易方式是购买期权。考虑一个开发项目时，房地产投资开发商可以在一定期限内以一定价格购买可供选择的位置的期权，以给自己赢得制定投资规划、获取必须的许可证书、筹集足够的开发资金、研究工程地质和建筑工程等所需的时间。因为购买期权节约了时间，减少了开发过程中的一些不确定性，因此也就降低了房地产投资开发的风险。

在发达的市场经济国家中，临时的或备用的融资协定也是房地产投资开发商通常使用的一种平衡交易方式。为了避免目前的高利率，预计工程建设期间利率将下降的发展商，可以购买一项贷款协议，贷款人必须遵守协议中规定的利率，但发展商有自由选择的权利。这种办法也是一种降低投资风险的策略。

6. 指标预警

指标预警是把有关风险因素融入决策评价指标中去，通过降低投资收益率、净现值等指标的方式，提醒决策者决策时考虑风险对开发项目收益的具体影响，从而达到防范风险的目的。

指标预警的主要方法是风险调整贴现率法，它是用考虑了风险的贴现率来进行项目投资净现值指标分析的方法。

(二) 房地产投资风险的控制

投资风险控制的基本职能在于识别投资风险并采取积极的措施来控制投资风险。房地产投资风险控制的主要手段有：

1. 计划控制

计划是指对工作和行动的实现安排，是人们基于对现实的认识和未来的估计，对今后某一定时期应达到的目标以及实现目标的措施、方案、程序、进度及人事、责任、资金、材料、设备以及技术等所作的安排。房地产投资项目中的计划主要有项目进度计划、项目资金筹措和使用计划以及项目设备材料计划等，这些计划都可以成为投资项目风险控制的有效工具。

2. 审计控制

审计是指审计人员对被审计单位的财政经济活动及其会计资料的真实性、合法性以及合理性进行的审查和监督。通过审计活动，可以有效地评价投资项目的管理效率，有助于完善管理制度，改善经营管理，提高管理水平，规避和控制经营风险。

3. 组合投资控制

大多数情况下，组合投资的风险量值(标准差)比个别项目投资的风险量值小，所以，组合投资能够起到分散风险和降低风险的作用。但是,组合投资收益的期望值通常小于单项投资收益的最大值,组合投资在分散风险的同时,也降低了收益。

思考与练习

1. 财务评价的原则与依据是什么?

2. 投资估算包括哪几个阶段?

3. 房地产项目经营税费主要税种包括哪些?

4. 房地产投资风险的类型有哪些?

5. 某房地产开发公司建造并出售了一幢写字楼,取得了5 000万元人民币的销售收入扣除项目金额为2 500万元,试求应缴纳的土地增值税额。

第六章　房地产开发项目管理

本章学习目标：

在准确把握开发项目成本管理、质量管理的概念、原则、主要内容、方法的基础上，掌握相应的技能点。

技能点：

1. 房地产开发项目进度管理；
2. 房地产开发项目成本管理；
3. 房地产开发项目合同管理；
4. 房地产开发项目的工程建设竣工验收。

知识点：

1. 房地产开发项目管理的概念；
2. 房地产开发项目的特点；
3. 房地产开发项目管理的主要任务；
4. 房地产开发项目招标与投标。

掌握点：

1. 房地产开发项目质量管理；
2. 房地产项目工程质量管理的特点、内容、主要途径和方法；
3. 房地产施工阶段质量监督控制手段。

第一节　房地产开发项目管理概述

一、房地产开发项目管理的概念

房地产开发项目管理是整个房地产运营过程中实质性的关键环节。房地产开发项目管理是以高效率地实现项目目标为最终目的，以项目经理负责制为基础，运用系统工程的观点、理论和方法，对开发项目建设的全过程按其内在运行规律进行有效的计划、组织、协调、监督和控制的管理系统。具体讲，房地产项目开发建设要实现的目标主要包括成果性目标和约束性目标。成果性目标指投资回报率、销售利税率、自有资金利润率等投资效益指标，以及项目的内外部功能要求；约束性目标指建设工期、投资限额、质量标准等。除此之外，房地产开发项目还受城市规划、土地利用规划等条件制约。房地产开发涉及投资方、监理方以及勘察、规划、设计、施工、建材、设备、市政、交通、供电、电信、银行、文教、卫生、消防、商业、服务、环境等几十个部门，近百个单位，以及最终用户消费者的相互制约和相互影响，因此，房地产项目开发建设是一项复杂的系统工程，必须要有一整套完整、规范和科学的管理保证体系，来统筹和协调开发项目的全过程和确保总体目标的实现。

二、房地产开发项目的特点

项目是指那些作为管理对象，按限定时间、成本和质量标准完成的一次性任务。其主要特征有：① 项目的一次性；② 项目有明确的目标；③ 项目作为管理对象的整体性。其中一次性是项目的最主要的特征。

房地产开发离不开项目，房地产开发实际是一种投资活动，这一活动是在各个房地产开发项目中进行的。房地产开发项目就是指已经确定投资，按照规划设计条件进行施工，并实行统一核算、统一管理的具体房地产开发建设工程。房地产开发项目有大有小。例如，包括宾馆、酒店、住宅区的一个组合可以被看做一个开发项目；一个住宅小区也可以被看做一个开发项目，而其中的一栋或几栋楼也可以被看做一个小的开发项目。结合目前我国房地产开发的实际情况，项目划分标准应当以具体建设单位（房地产开发商）为依据。

随着社会经济的发展，现代房地产开发项目又具备了新的特点，主要包括以下几个方面：

一是知识的密集性。现代房地产开发项目所采用的技术和所涉及的学科知识十分广泛，涉及人文、法律、工程技术、生态环保、新型材料与施工工艺等诸多方面的问题。只有各种学科和专业知识互相配合，开发项目才能顺利建成。

二是组织的层次性。现代房地产开发项目的管理，应当是有层次地分级进行，需要把项目建设周期看成一个生命周期。

三是系统性。现代房地产开发项目有系统的特性，其庞大的结构，各分支系统不同技能的有机组合、庞大的信息总量、严密的整体性与过程控制、对环境的适应和改造等，都需要从系统工程的高度予以讨论和解决。

三、房地产开发项目管理的意义

房地产开发项目管理的意义主要体现在计划、组织、协调和控制四个方面等。

（一）房地产开发项目的计划管理

对房地产开发项目进行计划管理，能使项目的开发建设有计划、按顺序有条不紊地展开。这就是说，通过使用一个动态计划管理，将工程项目全过程和全部开发活动纳入计划轨道，使项目有序地达到预期总目标。

（二）房地产开发项目的组织管理

这是指通过职责划分、授权、合同的签订与执行，以及根据有关法律法规，建立各种规章制度，形成一个高效率的组织保障体系，使项目的各项目标得以最终实现。

（三）房地产开发项目的协调管理

其意义是为开发项目提供协调和谐的公共环境，保证项目开发建设顺利进行。协调管理的主要任务是对开发项目与外部环境、项目各子系统之间，以及项目不同阶段、不同部门、不同层次之间的关系进行沟通与协调。这种沟通与协调将有利于睦邻公共关系，融通资金，拓宽供货渠道，广揽优秀设计和施工队伍，获得市场竞争优势，促进产品销售。在各种协调之中，人际关系协调最为主要，项目经理在人际关系协调过程中处于核心地位。

（四）房地产开发项目的控制管理

其意义是有利于对项目的质量、工期和成本进行控制，并获得最大的综合效益。控制管理主要是通过计划、决策、反馈和调整等手段，采用项目分解，各种指标、定额、阶段性目标的贯彻执行与检验等措施，对开发项目的工程质量、施工工期、资金使用、成本造价等进行有效控制，以确保开发项目用最少的投入，获得最大的经济效益、社会效益和环境效益。

四、房地产开发项目管理的主要任务

（一）项目组织与协调工作

项目组织与协调工作的内容包括两个方面：一是选择施工、供应等参建单位，明确各自在业务往来中应遵守的原则；二是落实项目施工阶段的各项准备和组织工作，包括落实设计意图、选定施工方案、审定材料与设备供应品种及供应方式。

（二）费用控制

费用控制主要包括编制费用计划、审核费用支出、研究节支途径等。

（三）进度控制

进度控制主要进行进度分析，适时地调整计划，协调各参建单位的工作进度。

（四）质量控制

质量控制的内容包括提出质量标准、进行质量监督、处理质量问题、组织工程验收等。

（五）合同管理

合同管理的内容包括对施工前签订的施工合同进行管理，处理工程量增减、合同纠纷、索赔等事宜。

第二节 房地产开发项目招标与投标

一、房地产开发项目招标与投标的概念

房地产开发项目招标与投标是指在市场经济条件下，以建设地点、建设单位、工程总承包单位、设计单位、施工单位、材料设备供应制造单位，以及其他与项目有关的标的为对象，在招标人与投标人之间进行的交易活动。招标投标包含招标发包和投标承包两个方面的内容。

二、招标投标的作用

（一）打破垄断促进竞争

招标投标制通过招标投标来确定承发包关系。开发建设单位可以根据实际需要来确定工期、质量、造价，并可通过招标择优选定设计、施工单位，设计、施工企业可以根据自己的能力，自主地承揽开发建设工程。从而打破了以往的靠行政命令决定设计、施工单位的垄断，促进了开放和竞争，使得开发建设项目开工快、造价低、质量有保证，从而节省投资，提高社会效益和企业经济效益。

（二）促进承包企业提高自身素质，增强活力

实行招标投标制后，承包企业作为自主经营、自负盈亏、自我发展、自我约束的法人实体和市场竞争的主体，必须通过改善经营管理提高自身素质，只有做到工期短、质量好、造价低、信誉好，才能在竞争中获胜。

（三）促使企业按经济法规办事

招标投标作为一种制度，受国家法律的保护和约束。招标投标中的发包方和承包方在完成具体的开发建设工程项目时，不仅享有各自的权利和义务，而且有权运用经济法规来约束对方，维护自己的合法权益。任何一方违约或营私舞弊都将受到处罚，情节严重的还要追究相关人员的刑事责任。实行招标投标制，促使发包或承包单位必须掌握经济法规，按经济法规办事。

（四）有利于促进市场经济的发展

城市房地产开发建设投资在财政支出中占很大的比重，房地产业创造的产值在国民生产总值中也占有相当大的比重，成为国家重点发展的产业。实行招标投标，开放包括建材、设备、劳务、资金在内的建筑市场，必将促进社会主义市场经济的发展。

房地产开发企业的任务是综合开发城市的土地和房屋，并进行房地产经营，是城市土地开发与房屋建设中的组织建设单位，在招标投标中属于招标的一方，应积极推行招标投标制，以提高投资效益。

三、招标的方式

建设工程招标发包的方式，主要有公开招标、邀请招标和议标。在公开招标和邀请招标中，还常常采用两阶段招标方式。所谓两阶段招标，是指在工程招标投标时将技术标和商务标分开，先投、先评技术标，如同时投技术标、商务标的，也须将两者分开密封包装，先开、先评技术标，经评标后淘汰其中技术标不合格的投标人，然后再由技术标通过的投标人投商务标，或再开、再评技术标通过的投标人的商务标。

（一）公开招标

公开招标是指由招标单位通过报刊、广播、电视等传播媒介发布招标信息通告，公开招请承包者参加投标竞争，凡具备规定条件的单位都可自愿参加投标。

公开招标可以广泛地吸引投标者参加，从而打破垄断，形成全面竞争，在众多的投标单位中选择报价合理、工期较短、信誉良好的承包商。采用公开招标方式，由于参加投标的单位较多，所以审查投标资格及标书的工作量较大，招标费用开支较大。

公开招标一般适用于工程规模较大、技术复杂、报价水平不易举照的大中型工程建设项目，

以及采购数量多、金额大的物资设备、材料的供应。

（二）邀请招标

邀请招标是指招标单位不公开发布招标通告，而是根据工程特点向经预先选择的数目有限的承包商，发出招标通知书或邀请函，然后根据各单位回函答复情况，确定投标对象，请他们参加招标项目的投标竞争。邀请参加招标单位的个数，世界各国都有规定，我国在有关规定中，明确要求不少于三家。

邀请招标方式由于对邀请对象的技术、经验和信誉方面比较了解和信任，所以组织工作比较简单，不仅可以节省招标费用、缩短招标工作的周期，也可以提高投标中标率。

邀请招标属于有限竞争性招标，这种招标方式限制了竞争范围，有可能失去优秀的投标者。

（三）协商议标（简称议标）

议标是指由建设单位直接选择投标单位，就工程的工程期和造价等条件，双方直接商谈中标条件和要求。参加议标的单位应不少于两家。

议标适用于招标工作开展有困难的地区，或工程规模不大、专业性较强或特殊要求多而对造价要求并不十分苛刻的工程项目。采用议标方式，双方在招标投标过程中费用支出最少，招标工作的周期也最短。

议标缺乏竞争性，在造价上一般都偏高。

四、招标程序

（一）招标单位编制招标文件和标底

1. 招标文件

招标文件是指招标单位向投标单位介绍招标工程情况和招标的具体要求的文件。一般包括以下内容：

（1）工程综合说明书。包括项目名称、地址、工程内容、承包方式、建设工期、工程质量验收标准及施工条件等。

（2）工程施工图纸和必要的资料。

（3）工程款项的支付方式。

（4）实物工程量清单。

（5）材料供应方式及主要材料、设备的订货情况。

（6）工程保修要求。

（7）招标程序和时间安排。

（8）其他规定和要求。

招标文件由建设单位编制，也可由建设单位委托设计部门或咨询机构编制。招标文件一经发出，招标单位不得擅自改变。否则，应赔偿由此而给投标单位造成的损失。

2. 标底

标底是招标单位给招标工程制定的预期价格，它是招标的核心，是择优选择投标单位的重要依据。国家规定，标底在开标前要严格保密，如有泄漏，对责任者要严肃处理，直至法律制裁。标底在批准的概算或修正概算以内，由招标单位确定。目前，编制标底一般以施工图预算为依据。

3. 建设工程施工招标文件范本

建设部为规范我国建筑市场的交易行为，保证建设工程施工招标的公正性和竞争的公平性，维护建筑市场的正常秩序，本着与国际接轨的目的制定了《建设工程施工招标文件范本》，于1997年1月1日执行。

建设工程施工招标文件范本确定了建设工程施工招标的原则程序，规范和指导工程建设施工招标的各个环节，对建设工程从“工程建设项目报建”开始，直到最后“合同签订”全过程进行了详细的规定。

建设工程施工招标文件范本的组成如下：

(1) 建设工程施工公开招标程序；

(2) 建设工程施工公开招标文件；

(3) 建设工程施工邀请招标程序；

(4) 建设工程施工邀请招标文件；

(5) 建设工程施工邀请议标程序；

(6) 建设工程施工邀请议标招标文件；

(7) 建设工程施工招标工程标底；

(8) 建设工程施工招标资格预审文件；

(9) 建设工程施工招标评标办法。

(二) 公布招标

采取公开招标的，招标单位公开刊登广告进行招标，投标单位数量不限。采取邀请招标的，邀请3～7家有承担能力的施工单位参加投标。采取邀请议标的，向2～3家单位发出议标邀请。

(三) 投标单位资格审查

参加投标的单位，应按招标通知规定的时间报送申请书，并附企业状况表或说明。申请书内容一般有：企业名称、地址、负责人姓名和开户银行账号、企业所有制性质和隶属关系、营业执照或资格证书(复印件)、企业简历等。

招标单位收到投标单位申请书后，即进行资格审查。审查的内容包括投标企业的等级、承担任务的能力、财产赔偿能力及保证人等，确定投标企业是否具备投标的资格。

资格审查合格的企业，向招标单位购买招标文件。招标单位组织投标企业勘察工程现场，解答招标文件中的疑点。

(四) 投标单位编制标书进行投标

标书就是投标单位的投标文件。它是衡量投标单位的素质、技术水平和管理水平的综合性文件，也是招标单位选择承包单位的重要依据。中标的标书，又是签订工程承包合同的基础。

标书格式一般由地区建设主管部门或招标单位制定，随招标文件发给投标单位。

编制标书是一件很复杂的工作，投标单位必须认真对待。在取得招标文件后，首先应详细阅读其全部内容，然后对现场进行实地勘察，向招标单位询问有关问题，把施工条件搞清楚。将招标文件各条款内容弄明白，完整填写标书。标书编好后，加盖企业及其负责人的印鉴，密封后，在规定的时间内寄送招标单位。否则，按无效标处理。投标企业不得作弊，不得行贿，不得哄抬标价，违者取消投标资格，并视情节轻重，给予必要的处罚。

（五）开标、评标、决标

1. 开标

开标即由招标单位按招标文件规定的时间、地点，在投标单位法定代表人或授权代理人在场的情况下举行开标会议，开标会议由招标单位组织并主持，将各家标书当众启封，宣布各单价的报价、工期等主要标书内容。开标过程结束后，进入评标阶段。

2. 评标、决标

评标、决标即招标单位对所有有效标书进行综合分析评比，从中确定最理想的中标单位。评标由评标委员会进行，招标管理机构监督。评标委员会由招标单位、建设单位上级主管部门、招标单位邀请的有关经济、技术专家组成。

评标主要是经济评价和技术评价。经济评价的内容涉及标价的合理性、精确程度等。技术评价的内容涉及施工方案、技术组织措施、工程进度安排等。

终评前，应先确定评价标准，然后把评价内容具体分解，确定各项内容应占总分数的权数。由评标委员会成员给各项内容评分，与权数相乘计算各投标者的分项分数及总分，然后综合评定，计算投标者的分数，给予分数最高者以得标机会。

在几个投标者评分相近或标价相近时，可以留下条件较好的几个投标者协商议价，然后决标。

（六）签订工程合同

建设单位与中标的投标单位在规定的期限内签订合同。在签订合同前，到建设行政主管部门或授权单位进行合同审查。签订合同后，招标单位及时通知其他投标单位其投标未被接受，并按要求退回招标文件、图纸和有关技术资料，同时返回投标保证金（无息）。

招标工作结束后，招标单位将开标、评标过程的有关记要、资料、评标报告、中标单位的投标文件（副本）报招标管理机构备案。

第三节　房地产开发项目质量管理

质量是反映满足明确和隐含需要能力的特性总和。工程项目质量是国家现行的法律、法规、技术标准、设计文件及工程合同中对工程的安全、使用、经济、美观等特性的综合要求。质量管理是指确定质量方针、目标和职责并在质量体系中通过诸如质量策划、质量控制、质量保证和质量改进等措施而实施的全部管理职能活动。房地产开发项目的质量管理，是房地产开发企业在工程项目实施过程中最重要的一项管理。管理人员必须是相关专业技术人员，熟练掌握施工图纸、各类技术标准、各种施工及验收的规范及程序，参加施工图纸的会审、施工组织设计和主要的施工技术措施的讨论与审定，并在施工现场对施工全过程的技术质量进行严格的检查和监督。

一、房地产开发项目质量管理的特点

房地产开发项目质量的特点是由房地产开发项目的特点所决定的。房地产开发项目除具有单项性、一次性、寿命的长期性、生产管理方式的特殊性、项目高投入性和风险性以外，还具有工程质量本身的特点，如影响因素多、质量波动大、质量变异大、质量隐蔽性、终检局限大等。

（一）影响因素多

决策、设计、材料、机械、环境、施工工艺、施工方案、操作方法、管理制度、施工人员素质等均直接或间接地影响工程项目的质量。

（二）质量波动大

工程建设因其具有复杂性、单一性，不像一般工业产品，有固定的生产流水线，有规范化的生产工艺和完善的检测技术，有成套的生产设备和稳定的生产环境，有相同系列规格和相同功能的产品，所以其质量波动性大。

（三）质量变异大

由于影响工程质量的因素较多，任何一种因素出现质量问题，均会引起工程建设系统的质量变异，造成工程质量事故。

（四）质量隐蔽性

工程项目在施工过程中，由于工序交接多，中间产品多，隐藏工程多，若不及时检查并发现其存在的质量问题，容易产生第二判断错误，将不合格产品误认为是合格产品。

（五）终检局限大

工程项目建成后，不可能像某些工业产品那样，通过拆卸或解体来检查内在质量。所以，工程项目终检验收时难以发现工程内在的、隐蔽的质量缺陷。

所以，对工程质量更应重视事前控制、事中严格监督，防患于未然，将质量事故消灭于萌芽之中。

二、房地产开发项目质量管理的主要内容

（一）施工前的质量管理

施工前的质量管理内容包括：

（1）对施工队伍及人员质量的控制。

（2）对工程所需原材料、半成品、构配件和永久性设备、器材等的质量控制。例如，对施工所用的主要材料如水泥、钢材、砖、防水材料、焊条等，在使用前要对其质量或试验报告进行复核；对施工所用的成品、构件、配件、设备等的合格证进行复核。

（3）对施工方案、方法和工艺的控制。

（4）对施工用机械、设备的质量控制。

（5）对施工环境与条件方面的质量控制。

（6）对测量基准点和参考标高的确认及工程测量放线的质量控制。在开工前对建筑物的轴线、标高、方位等经施工企业测量放线后，进行复校签证。

（二）施工过程中的质量管理

施工过程中的质量管理包括：

（1）对施工承包单位的质量控制自检系统进行监督，使其能在质量管理中始终发挥有效作用。

（2）在施工过程中进行质量跟踪监控，严格工序间的交接检查，建立施工质量跟踪档案。

（3）会同建设监理单位审查设计方或承包方提出的工程变更或图纸修改。

（4）对重要的承重结构，主要部位的隐蔽工程，如基槽、钢筋混凝土基础、主体结构中现浇钢

筋混凝土柱、梁及屋面防水等进行检查验收，确认合格后办理隐蔽工程验收手续。

（5）参加给排水、电气安装的试通水、试运转等工作，如果符合设计要求，应予签证。对于试通水的设备安装应做盛水检查。要注意安装质量中的滴、漏、渗现象。

（6）参加工程质量的评定和竣工验收工作，做好施工资料收集整理工作。

（7）认真做好施工日记。施工日记的内容应包括日期、天气情况、施工部位及施工内容、施工过程中发生的重大事件及处理结果等。

（8）对沉降有观测要求的建筑物、构筑物，在施工过程中督促施工企业进行定期观察，并做好相应记录。

（9）监督和协调施工企业做好文明施工、安全施工。

三、房地产开发项目质量管理的主要途径和方法

房地产开发项目施工过程中，为了保证工程施工质量，应对工程建设对象的施工生产进行全过程、全面的质量监督、检查与控制，包括事前的各项施工准备工作质量控制，施工过程中的控制，以及各单项工程及整个工程项目完成后，对建筑施工及安装产品质量的事后控制。

对房地产开发项目在施工阶段进行质量监控主要是通过审核有关技术文件、报告或报表，以及进行现场监督检查与检验这两方面的途径和相应的方法实现的。

（一）审核有关技术文件、报告或报表

这是对工程质量进行全面监督、检查与控制的重要途径。其具体内容包括以下几个方面：

（1）审查进入施工现场的分包单位的资质证明文件，控制分包单位的质量。

（2）审批施工承包单位的开工申请书，检查、核实与控制其施工准备工作质量。

（3）审批施工单位提交的施工方案、施工组织设计或施工计划，确保工程施工质量有可靠的技术措施保障。

（4）审核施工承包单位提交的有关材料、半成品和构配件质量证明文件（出厂合格证、质量检验或试验报告等），确保工程质量有可靠的物质基础。

（5）审核施工单位提交的反映工序施工质量的动态统计资料或管理图表。

（6）审核施工单位提交的有关工序产品质量的证明文件（检验记录及试验报告）、工序交接检查、隐蔽工程检查、分部分项工程质量检查报告等文件、资料，以确保和控制施工过程的质量。

（7）审批有关设计变更、修改设计图纸等，确保设计及施工图纸的质量。

（8）审核有关应用新技术、新工艺、新材料、新结构等的技术鉴定书，审批其应用申请报告，确保新技术应用的质量。

（9）审批有关工程质量缺陷或质量事故的处理报告，确保质量缺陷或事故处理的质量。

（10）审核与签署现场有关质量技术鉴定、文件等。

（二）现场质量监督检查与检验

1. 现场质量监督检查

现场质量监督检查的内容有：

（1）开工前的检查。检查开工准备工作质量，以确保开工及正常施工质量。

（2）工序施工中的质量跟踪控制。主要是监督、检查在工序施工过程中，人员、施工机械、材料、施工工艺及环境条件是否符合保证工程质量的要求。

(3) 对于对工程质量有重大影响的工序,还应在现场监督与控制施工过程,确保使用材料及工艺过程质量。

(4) 工序产品、交接检查及隐蔽工程检查。在施工单位自检与互检的基础上,开发商还应进行工序交接检查。隐蔽工程须经检查确认其质量后,才允许覆盖。

(5) 复工前的检查。当工程因质量问题或其他原因停工后,在复工前应经检查许可后,才可以复工。

(6) 分项、分部工程检查。分项、分部工程完工后,经检查认可后,签署中间交工证书。

(7) 个别检查。对于施工难度大的工程结构或容易产生质量通病的施工对象,还应进行现场跟踪检查。

2. 现场质量检验

(1) 质量检验工作。质量检验就是根据一定的质量标准,借助一定的检测手段来估测工程产品、材料或设备等的性能特征或质量状况的工作。一般包括以下工作:明确某种质量特性的标准,量度工程产品或材料的质量特征数值或状况,记录与整理有关的检验数据,将量度的结果与标准进行比较,对质量进行判断与估价,对符合质量要求的作出安排,对不符合质量要求的进行处理。

(2) 质量检验的方法。对现场所用原材料、半成品、工序过程或工程产品质量进行检验的方法,一般可分为三类,即目测法、检测工具量测法以及试验法。目测法是用感官进行检查,也可以叫做感觉性检验。量测法是利用量测工具或计量仪表,通过实际量测结果与规定的质量标准或规范的要求相对照,从而判断质量是否符合要求。试验法是通过进行现场试验或试验室试验等理化试验手段,取得数据,分析判断质量情况,包括理化试验及无损测试或检验。

进行现场质量检验时,如对质量文件发生疑问,应要求施工单位予以澄清;如发现工程质量缺陷和质量事故,应指令施工单位进行处理。

第四节　房地产开发项目进度管理

一、房地产开发项目进度管理的概念

房地产开发项目的进度管理是指对开发项目各建设阶段的工作内容、工作程序、持续时间和衔接关系编制计划,并将该计划付诸实施,且在实施过程中经常检查实际进度是否按计划要求进行,对出现的偏差分析原因,采取补救措施或调整、修改原计划,直至工程竣工、交付使用。项目进度管理的最终目的是确保项目进度目标的实现,房地产开发项目进度管理的核心是建设工期。

二、房地产开发项目进度管理的作用

房地产开发项目进度管理是实现工期目标的重要手段,是尽快发挥投资效益,提高企业社会信誉,提高项目经济效益的重要措施。

三、房地产开发项目进度管理的内容

房地产开发项目进度管理的内容主要有以下几个方面:

（1）施工准备阶段进度管理；

（2）施工过程的进度管理；

（3）图纸资料交付时间的管理；

（4）材料、设备供应的进度管理；

（5）辅助生产成品半成品供应的进度管理。

四、房地产开发项目进度管理的主要途径和方法

（一）进度管理途径

房地产开发项目进度管理是一个不断变化的动态管理，也是一个循环的过程。其主要途径有：

（1）对计划目标按照施工阶段、施工单位和专业工种等进行分解，使总工期转化为阶段目标，进而分解成战役目标，使之成为每个施工人员的奋斗目标。同时，项目经理部与工程分包单位和专业承包队签订承包合同，编制年、季、月施工作业计划，落实分包责任，以保证总目标的实现。

（2）落实图纸、场地、水源、电源、道路、交通、构配件供应等施工条件。

（3）按计划保证劳动力、周转材料、工程材料、施工机械、流动资金等生产要素的供应与配置。

（4）交底和动员。项目经理部在单位工程或分部分项工程开工前对施工人员进行计划交底，并进行必要的战前动员，使每个参与项目施工的人员都明确自己在项目全局中所处的地位和责任。

（5）搞好现场施工调度。协调施工中的各环节、各专业、各工种，促进人、财、物的综合平衡。

（6）推广新科技成果。不断探索、推广和采用先进的施工工艺、工法和新材料、新设备，以加快施工进度。

（二）进度计划表示方法

在工程建设中，为了便于对工程进度进行控制，通常采用横道图或网络图来表示进度计划。

1. 横道图

横道图又称甘特图。它以一段横向线条表示一项工作，通过横向线条在带有时间坐标的表格中的位置来表示各项工作的起始、结束时间和各工作的先后顺序，整个进度计划都由一系列的横道组成。图 6－1 为某住宅楼分 2 个施工段施工时的进度计划。

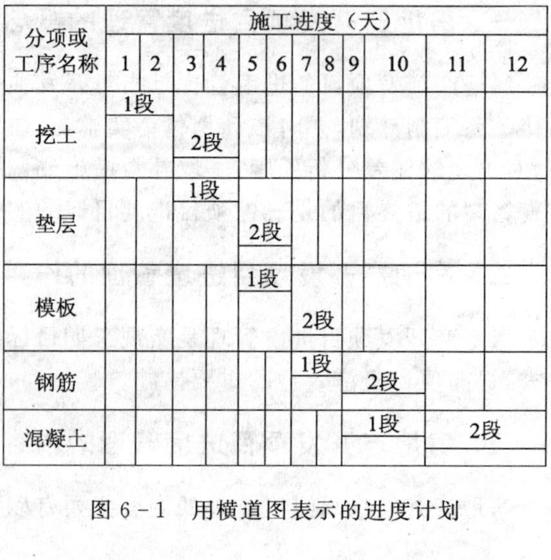

图 6－1　用横道图表示的进度计划

横道图简单明了、容易绘制，也容易理解，各工作起止日期、作业延续时间一目了然。然而，它不能反映出各个工作中，哪些工作对总进度目标起关键作用，必须抓紧；哪些工作在时间安排上可作些灵活变动，而对总进度目标没有影响；更不知这些工作可灵活变动的时间幅度范围。更重要的是，横道图无法利用计算机进行计算分析，从而使得计划实施过程中的调整变得较为困难。因此，世界发达国家已基

本舍弃横道图而改用网络图。我国有关部门也在大力提倡采用网络图来表示进度计划。

2. 网络图

网络图是以箭线和节点来表示各项工作及其流程的有向、有序的网状图形。网络图按其表示方法的不同，又分为双代号网络图和单代号网络图。

双代号网络图中的工作由带有两个节点的箭线来表示，如图 6－2 所示。

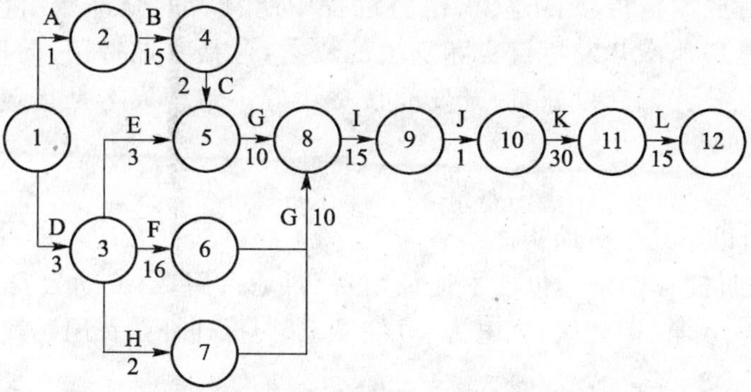

图 6－2　双代号网络图

在图 6－2 中，箭尾节点表示工作的开始，箭头节点表示工作的结束，该工作的代号可采用两个节点的编号表示，如工作 1—2，也可另行赋予其特定工作名称，如工作 A、工作 B 等，其持续时间则在箭线下面标出。

单代号网络图中的工作用节点表示，如图 6－3 所示。工作代号就由该节点的编号表示，如工作 A。工作代号及工作持续时间都在节点中标出，此时，箭线只表示工作进行的先后顺序，即箭头节点所代表的工作要在箭尾节点所代表的工作完成之后才能进行。

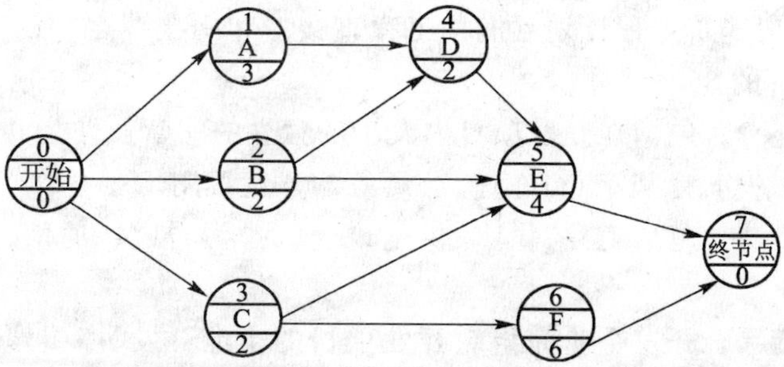

图 6－3　单代号网络图

第五节　房地产开发项目成本管理

一、房地产开发项目成本管理的概念及项目成本构成

（一）房地产开发项目成本管理的概念

房地产开发项目成本管理是开发商对开发项目投资的有效控制，是房地产开发项目管理内

容的重要组成部分。具体来说就是在投资决策阶段、设计阶段、开发项目发包阶段和建设实施阶段，把开发项目的投资控制在批准的投资限额以内，随时纠正发生的偏差，确保开发项目投资管理目标的实现，力求在开发项目中合理使用人力、财力、物力，以获得良好的经济效益、社会效益和环境效益。

（二）项目成本构成

房地产开发项目成本是指项目建设、销售过程中所花费的全部费用，包括开发成本和销售成本。开发成本是房地产开发项目实际发生的成本，包括土地费用、前期测量费、建筑安装工程费、基础设施费、公共配套设施费、开发间接费用等。销售成本是指房屋销售过程中发生的费用支出。

1. 开发成本

开发成本主要由以下几个方面构成：

（1）土地征用及拆迁补偿费。包括土地征用费、耕地占用费、劳动力安置费以及有关地上、地下物（如青苗、树木、坟墓、旧建筑物、电力、电信设施等）拆迁补偿费用。其中，需要扣除旧建筑物回收的残值收入。

（2）前期工程费。包括总体规划、设计、项目可行性研究、水文、地质、勘察、测绘以及“三通一平”（水通、电通、道路通和场地平整）等费用。

（3）房屋建筑安装工程费。包括房屋建筑工程所有列入该工程施工图预算的所有费用（也包括设备费用、材料差价），以及开发企业直接支付应计入单位工程成本的费用（如煤气检验试验费、未列入施工图预算的单元电表、煤气表等费用）。其中，建筑安装工程施工图预算的费用项目一般包括以下几项：

① 直接费。包括人工费、材料费、施工机械使用费和其他直接费。

② 间接费。包括施工管理费和其他间接费。

③ 计划利润。一般建筑工程计划利润按工程直接费和间接费之和的7%计算，安装工程按工程直接费中人工工资的85%计算。

（4）公共配套设施费。包括在开发项目内发生的独立的非营业性公共配套设施，如居委会、派出所、幼托、消防、锅炉房、水塔、自行车棚、公厕等的建设费用。

（5）基础设施建设费。包括道路、供水、供电、供气、排污、排洪、通信、照明、绿化、环卫设施等项建设费用。

（6）管理费。包括综合开发企业为组织开发项目的土地开发、房屋建设及产品销售等所发生的经营管理费用。

（7）利息支出。即开发项目内发生的流动资金贷款利息，包括企业垫支流动资金贷款利息和项目周转资金贷款利息，其支出数扣除银行存款利息收入数的净支出列入成本。在我国，不同地区、城市房地产开发的成本构成有所不同，而且我国房地产开发成本正处于不断地探索和改革过程中，所以其中尚有许多问题有待于进一步研究，目前有关部门正在进行这项工作。

2. 销售成本

销售成本主要包括销售房屋的广告、代理等费用支出，一般为总销售额的2%～4%左右。

二、房地产开发项目成本管理的原则

（一）设置科学的成本管理目标

管理是为确保目标的实现而服务的，一个系统若没有目标，就不能进行有效控制。设置管理目标应有科学的依据。

房地产开发项目建设过程是一个周期长、投资大的生产消费过程，建设者的开发经验、知识水平是有限的，再加上科学、技术条件的限制，因而不可能在开发项目开始阶段就能设置一个科学的、一成不变的成本管理目标，而只能设置一个大致的投资成本控制目标，这就是项目投资估算。随着项目建设的反复实践，投资成本控制目标逐渐清晰、准确，即设计概算、设计预算、承包合同价等。可见，开发项目投资成本管理目标的设置是随着项目建设实践的不断深入而分阶段设置的。具体来讲，投资估算应是设计方案选择和进行初步设计的开发项目成本管理目标；设计概算应是进行技术设计和施工图设计的项目成本管理目标；设计预算或建安工程承包合同价则应是施工阶段控制建安工程成本的目标。

成本管理目标的制定，既要有先进性又要有实现的可能性，目标水平一定要能激发执行者的进取心，充分发挥他们的工作潜力和创造性。

（二）设计阶段投资控制是重点

项目投资控制贯穿于房地产项目开发建设的全过程，包括策划、设计、发包、施工、销售等诸阶段，房地产开发项目成本管理的重点是设计阶段的投资控制。从国内外建设工程实践可以看出，影响项目投资最大的阶段是约占开发项目建设周期 1/4 的技术设计结束前的工作阶段。在初步设计阶段，影响开发项目投资的可能性为 75%～95%；在技术设计阶段，影响项目投资的可能性为 35%～75%；在施工图设计阶段，影响项目投资的可能性为 5%～35%。可见，成本管理的关键是施工以前的投资决策和设计阶段，而作出投资决策后，关键则在于设计。

目前，国内的房地产开发企业普遍存在忽视开发项目前期工作阶段的投资控制，而把控制开发项目的重点放在施工阶段——审核施工图预算、合理结算建安工程价款上。尽管这对于成本管理也有一定效果，但没有抓住管理重点。

（三）变被动控制为主动控制

房地产开发项目建设管理的基本任务是对项目的建设工期、投资成本和工程质量进行有效的控制，力求使所建项目达到建设工期最短、投资最省、工程质量最高的目标。但是这样的理想要求实际上不可能完全实现的，需要开发商根据建设的主客观条件进行综合分析研究，确定切合实际的衡量准则。如果投资控制的方案符合准则要求，成本管理就达到了预期目标。

长期以来，人们一直把工程成本控制理解为目标值与实际值的比较，当实际值偏离目标值时，分析其产生偏差的原因，确定其对策。尽管在房地产开发建设过程中进行这样的项目投资控制是有意义的，但这种方法只能发现偏离而不能使已产生的偏离消失，只能是被动控制。20 世纪 70 年代初开始，人们将系统论和控制论的研究成果应用于项目管理，将控制立足于事先主动地采取决策措施，尽可能减少以至避免目标值与实际值的偏离，这就是主动控制方法。因此，房地产开发项目投资控制不仅要反映投资决策、设计、发包和施工，被动控制项目投资，更要主动影响投资决策、设计、发包和施工。

（四）经济与技术手段相结合

有效地进行项目成本管理应从组织、技术、经济、合同与信息管理等多方面采取措施，而技术与经济手段相结合是项目成本管理的最有效的措施。技术上手段包括严格审查监督初步设计、技术设计、施工图设计、施工组织设计，在技术上研究节约投资的可能性；经济上的手段包括动态比较投资的计划值和实际值，严格审核各项费用开支等。

我国房地产开发企业普遍存在着技术与经济手段相分离的现象。技术人员缺乏经济观念，设计思想保守，设计规范、施工规范落后，很少考虑如何降低项目投资。而财会、概预算人员的主要责任是依据财务制度办事，不熟悉工程建设知识，不了解工程进展中的各种关系和技术问题，难以有效地控制项目成本。为此，迫切需要培养房地产开发技术经济复合型人才，在项目建设过程中把技术与经济有机结合起来，正确处理先进技术与经济合理两者之间的对立统一关系，力求技术先进条件下的经济合理，把成本控制观念渗透到各项设计和施工技术措施之中。

三、房地产开发项目成本管理的主要内容

（一）项目策划、设计阶段的成本管理

1. 项目策划阶段

房地产开发项目策划阶段的主要内容是寻找项目、市场调查和投资评估。开发商应着重考察投资环境、投资房地产产品的市场价值、工程类型与规模、工程技术经济指标、交通条件、市政配套情况、建材与设备的供应情况等，该阶段开发商的工作须注意与项目可能发生的成本结合起来，对可能发生的项目成本起到总体控制作用。

2. 设计阶段

设计阶段的成本管理工作是项目开发全过程成本管理的重点，项目设计要尽可能采用国家和省级的标准设计，因为优秀的设计标准规范有利于降低投资、缩短工期，给项目带来经济效益。开发商可通过招标方式选择设计单位，在委托设计单位之前一定要对项目投资进行详细分析，在此基础上一般采用限额设计的方式，保证有效的成本管理，并着重考虑以下两点。

(1) 设计前的投资估算。通过对社会同类开发项目价格、材料、设备、人工费用、税收、管理费用、利润等的调查，在项目评估的基础上进行更为详细的综合比较，进行投资估算，作为初步设计控制的依据。

(2) 初步设计要重视方案的选择，按投资估算进一步落实成本费用预算，将施工图预算严格控制在批准的预算以内，同时加强设计变更管理工作。

（二）发包、施工阶段的成本管理

房地产开发项目发包，包括项目总发包、建安工程及设备材料采购发包。开发项目发包阶段的成本管理是项目开发全过程成本管理的重要环节。在我国建筑市场上，建安工程发包有总价合同、单价合同、成本加酬金合同等三大类型。房地产开发采用单价合同的较多，合同价款一般以国家或地方统一规定的预算定额、材料预算定额和取费标准为依据。承包方根据开发商（发包方）提供的工程范围和施工图纸，作出工程报价，最终工程量按实际完成的数量进行结算。项目施工阶段的成本管理对项目竣工后的工程决算有着重要影响。

施工阶段进行成本管理的基本原理是把计划投资额作为项目成本管理的目标值，在工程施工过程中将实际值与目标值进行比较，找出其偏差并分析其原因，采取有效措施进行控制，确保

项目成本管理目标的实现。

施工阶段项目成本管理的主要工作包括：

(1) 编制成本管理工作计划和工作流程图，落实管理人员的职能与任务；

(2) 熟悉设计图纸和设计要求，对工程费用变化大的部分和环节，制定成本控制重点；

(3) 对设计变更进行技术经济比较，对其合理性进行预测和分析，严格控制设计变更；

(4) 详细进行工程计量，复核工程付款账单，严格经费签证，如停窝工签证、用工签证、材料代用签证等；

(5) 做好工程施工记录，保存好各种文件图纸，特别是施工变更图纸，为处理可能发生的索赔提供依据；

(6) 定期进行工程费用超支分析，提出控制工程成本突破预算的方案和措施；

(7) 及时掌握国家、省、市、自治区有关部门的各种定额和取费标准的变化；

(8) 注重合同签订、修改和补充工作，着重考虑其对工程成本的影响。

(三) 项目销售阶段的成本管理

房地产开发项目销售阶段的成本管理主要是管理销售费用支出，销售费用支出的主要部分一般为房地产销售广告支出。一般情况下，房地产销售费用为房地产商品销售价格的2%～4%，对房地产开发利润的高低有直接影响。控制销售成本的关键取决于如何进行销售策划，广告费用如何支出，采取何种形式，这应根据项目规模大小、档次及所在地的社会经济条件等多种因素确定。21世纪是网络经济时代，利用网络开展房地产营销将是降低开发商销售成本的有效手段，如何将传统营销策划方式与现代网络技术有效结合起来是房地产发展商降低销售成本的关键。

第六节 房地产开发项目合同管理

项目合同管理是房地产开发活动中的至关重要的一个环节。由于在房地产开发活动中涉及许多参与者，许多手续，必然要通过合同来确保主体之间的权利义务关系。只有通过权利义务关系的确定化，才能保证各方在开发过程中尽职尽责，共同推动开发行为的前进。许多开发商、承包商或者是其他单位就是因为没有注意到这方面的问题，事先没有通过合同管理的方式规避、防范风险，而在出了问题的时候造成了巨大的经济损失和其他方面间接的损失。

一、房地产开发项目合同管理的目的

(一) 建立现代企业制度的需要

建立现代企业制度，无论是对于国有企业还是对于非国有企业，都是一个不可回避的深刻而严峻的话题。建立现代企业制度，是社会化大生产和市场经济的必然要求，是市场改革的方向。现代企业制度的建立，对开发商提出了新的要求，开发商应当严格按照《公司法》有关建立现代企业制度的规定，坚持“自主经营、自负盈亏、自我发展、自我约束”的原则，更多地考虑到市场需要的变化，采用先进的管理模式和技术经验，认真向国际和国内同行学习，提升自己的业务水平。

房地产开发项目合同是进行工程施工、监理、验收的重要依据，关系到开发参加单位的根本利益。因此，加强对项目合同的管理，已经成为建立现代企业制度的重要内容。

（二）规范市场交易行为

规范市场的交易行为，包括两个方面的内容：

一是规范市场主体的行为。项目合同管理的一个重要内容就是确保开发参加方具有市场认可的主体资质，具有参与开发活动的权利能力和行为能力，只有这样，才能保证房地产开发市场交易的安全性。

二是规范开发市场的价格。市场经济的一个重要特征就是通过市场来调整价格，而不是由政府干预价格。我国目前正在建立一种“政府宏观指导，企业自主报价，竞争形成价格，加强动态管理”的房地产市场价格机制。因此，各方必须充分挖掘市场潜在的优势，通过各种竞争形式形成合同管理的模式，规范彼此双方的价格关系，以最大限度优化己方的利益。

（三）保证合同的履行

由于市场情况瞬息万变，开发过程中各方由于情势的变化或者由于其他原因，很难保证在开发过程中一直履行自己的义务。但是一旦有一方退出，不但可能直接导致开发行为无法进行，而且还会引发连锁反应，从而给开发方或者其他方造成巨大的经济损失。防范开发行为中风险的一种有效方式就是通过合同约定，强化彼此的权利义务关系，加强对双方的监督行为，明确违约责任。这样一方面可以使违约情形的出现机率降至最低，另一方面，一旦某一方出现违约情形，由于合同已经设定了违约责任的处理方式，也可以使救济得到及时的处理，从而使损失减至最低。

（四）开拓国际市场的需要

在当今信息资源高度发达的情况下，全球已经形成一个巨大的市场，各国的开发商及其他市场参加者都在密切注意着其他国家的房地产开发市场。经济的全球化使世界变得日益不可分割，拓展国外市场已经成为不可抗拒的历史潮流。随着我国经济体制改革的进一步深化，企业走出国门的情况也会越来越多。由于我国接入世界市场的时间较晚，有些做法与国际习惯做法或通行做法不尽相同，这对我国的企业提出了更高的要求。

拓展海外市场，有利于发挥我国的技术优势和人力资源优势，有利于促进我国经济的发展。但是国际市场上合同管理的模式及一些相关规则，我们还不是非常熟悉，这必然要求我们加强合同管理，规范合同管理行为，提高合同谈判技巧。这些都是具有重要意义的。

二、房地产开发项目合同管理的内容

（一）建立健全合同管理制度

明确合同的归口管理部门，明确合同签订、审批、归案备案的流程及管理权限，明确合同专用章的管理；根据公司以往项目的合同签订经验对合同示范文本的管理进行初步归纳总结，确定各类工程、设计类的标准合同范本。

及时掌握合同的签订情况，将合同签订作为招标后续工作之一建立对应考核制度，建立合同履行过程监督检查制度。将合同的签订、执行、结算全过程与考核挂钩，由合同归口管理部门定期对当期所签各类项目合同进行评估，在合同结算时组成合同执行评估小组，结合合作伙伴评估体系完成对合同整体履约情况的考核，以上各阶段考核成绩计入各经办部门的考核成绩。

（二）合同范本库的建立与管理

1. 合同范本的建立

(1) 合同的分类。首先,按签约主体划分。其次,分为项目、管理两大二级类别。在项目合同之下按性质分为咨询设计类、土地类、工程类、采购类三级类别。在三级类别之下还可根据具体、不同的内容详细分类,如土地类可分为土地转让合同、土地出让合同、拆迁合同等。

(2) 各类合同范本的编制。可由合同主管部门制定统一工作计划组织开展,对应合同分类分别由相应业务部门完成,如工程类、采购类合同可与工程采购招标文件一并由招标主管部门组织完成编写,设计类可由设计部门组织进行编写。

2. 合同范本的管理、使用及更新

合同范本管理实行分级管理、灵活使用、适时更新的原则。

公司总部合同主管部门对公司合同范本进行统一管理,统一发布合同范本,各区域、城市公司无权颁布合同范本。

各公司在组建时应对照当地情况对合同范本提出修订意见并报总部合同主管部门审批后由总部合同主管部门颁布针对当地情况的合同范本。

各公司可视当地实际情况,可单独编制相应合同范本,报总部合同主管部门审批后由总部合同主管部门颁布。

总部合同主管部门根据各公司合同执行情况,定期对合同文本的使用情况进行总结,对各级公司常用的合同进行对照,视实际情况对具有通用性的合同进行规范,最终形成公司级合同范本,报公司审批后颁布执行。

(三) 建立合同交底制度

合同交底就是向项目部全体成员介绍合同意图、合同关系、合同基本内容、业务工作的合同约定和要求等内容。

1. 合同交底范围

(1) 按各级公司授权手册规定金额超出项目部管理权限的合同;

(2) 虽然合同金额属项目管理权限内,但项目部认为合同关系重大或需由公司协调其他业务部门的合同;

(3) 总部新颁布的战略合作类合同。

2. 合同交底的目的

(1) 使项目部技术和管理人员了解合同、统一理解合同的需要。使其在遇到实际问题时采用有效的和正确的办法进行处理,以保证合同的全面顺利实施。

(2) 让项目成员进一步了解自己的权利和义务、工作程序和法律后果,摆正自己在合同中的地位,有效防止由于权利义务的界限不清引起的内部职责争议和外部合同责任争议的发生,提高合同管理的效率。

(3) 调动全体项目成员积极完善合同风险防范措施,加强他们的合同风险防范意识。

3. 合同交底的程序

(1) 合同签订人全面陈述合同背景、合同范围、合同基本情况、各相关部门人员的执行要点、合同目标、合同执行要点、特殊情况处理及合同风险防范措施等,并解释其他人员提出的问题,最后形成书面合同交底记录。

(2) 合同执行参与部门、参与人可依据自己对合同的判断、解读提出风险防范建议和意见,并上报合同主管部门,经合同主管部门汇总意见后形成此合同执行建议书,下发各执行人员,指导其活动。

4. 合同交底的主要内容

(1) 工程概况及合同工作范围；

(2) 合同关系及合同涉及的各方权利、义务与责任；

(3) 合同工期控制总目标及阶段控制目标，目标控制的网络图表示及关键线路说明；

(4) 合同质量控制目标及合同规定执行的规范、标准和验收程序；

(5) 合同对本工程的材料、设备采购、验收的规定；

(6) 合同价款的支付及调整的条件、方式和程序；

(7) 合同双方争议问题的处理方式、程序和要求；

(8) 合同双方的违约责任；

(9) 索赔的机会和处理策略；

(10) 合同风险的内容及防范措施；

(11) 合同进展文档管理的要求。

(四) 履约过程的监管

首先，明确合同履约的检查作为成本联检的组成部分，由合同主管部门组织进行合同履约的检查；其次，由各成本主管于每月月底组织汇总合同执行情况，形成合同分析报告，向项目总监、公司进行汇报；第三，索赔的处理，各合同经办人在合同履约过程中，应及时发现索赔机会，并收集合理的索赔依据，编制合同的索赔报告。

第七节　房地产开发项目工程建设竣工验收

竣工验收是施工过程的最后一道程序，是全面检验设计和施工质量、考核工程造价的重要环节。通过竣工验收，质量合格的物业即投入使用，可以出售或出租给房户。对于预租或预售的物业，通过投入使用，房地产开发商可以得到扣除预付额外的其他款项。因此，竣工的建设项目和单项工程，都应该及时按照国家有关规定和质量标准，组织竣工验收。

一、竣工验收范围

凡新建、扩建、改建的开发建设项目，按批准的设计文件和合同规定的内容验收；对住宅小区的验收还应验收土地使用情况和单项工程、市政、绿化及公用设施等配套设施。符合验收标准的，必须及时组织验收，交付使用，并办理固定资产移交手续。

二、房屋建设项目的一般竣工验收标准

(1) 工程项目按照设计图纸建成，所有粉刷、装修全部施工完毕。

(2) 所有设备(如电梯、采暖通风装置)均按设计规定安装完毕，并能正常启动，发挥功能。

(3) 上下水道架设完毕，所有沟道、管道通畅，无渗透现象；照明及动力用电工作回路及控制回路结构清晰，操作方便；室内、外道均已建成；卫生装备、煤气设施均能正常运转、工作。

(4) 整个工程质量经有关部门评定，达到合格以上。

(5) 建筑物四周两米以内的场地平整，由本项施工所造成的障碍物已清除。

三、竣工验收的程序

(1) 工程建设完成后，施工单位向开发商递交竣工报告，设计、施工单位向开发商提交图纸。

(2) 开发商验收。开发商根据图纸、隐蔽工程验收资料、关键部位施工记录，初步检验工程施工质量。

(3) 共同验收。以开发商为主，组织用户、施工单位、设计单位、质量监督等单位共同检查，评定工程质量、技术资料和竣工图纸。单项工程经过共同验收，验收合格者由验收单位填具验收证书，由质量监督部门发给工程质量等级证书。总体开发项目建设完毕后，经过共同验收，还要进行综合验收。

(4) 编制工程决算。竣工决算是反映项目实际造价的技术经济文件，是开发商进行经济核算的重要依据。每项工程完工后，承包商在向开发商提出有关技术资格和竣工图纸的同时，都要编制工程决算，办理财务结算。工程决算应在竣工验收后一个月内完成。

(5) 编制并移交竣工档案。开发建设项目的技术资料和竣工图是使用单位进行管理和进一步改造、扩建的依据，是城市进一步发展的重要技术档案。开发项目竣工后，要认真整理和清绘竣工图纸等，并按规定移交给使用单位和城市建设档案馆。

四、竣工验收备案

单位工程质量验收合格后，建设单位应在规定时间内将工程竣工验收报告和有关文件，报建设行政管理部门备案。

凡在中华人民共和国境内新建、扩建、改建各类房屋建筑工程和市政基础设施工程的竣工验收，均应按有关规定进行备案。

国务院建设行政主管部门和有关专业部门负责全国工程竣工验收的监督管理工作。县级以上地方人民政府建设行政主管部门负责本行政区域内工程的竣工验收备案管理工作。

思考与练习

1. 房地产开发项目进度管理的主要途径和方法有哪些？
2. 房地产开发项目成本的构成内容有哪些？
3. 房地产开发项目合同管理的内容包括哪些？
4. 房地产开发项目工程建设竣工验收包括哪些程序？

第七章　房地产开发项目市场营销

本章学习目标：

在准确认识房地产价格及其市场营销基本原理的基础上，熟悉房地产市场预测的概念、原理和方法，适度掌握和运用各种营销策略。

技能点：

1. 房地产市场预测方法的简单运用；
2. 房地产市场营销渠道策略；
3. 房地产市场营销销售促进策略；
4. 房地产市场营销广告策略；
5. 房地产市场营销人员推销策略。

知识点：

1. 房地产市场预测的概念、意义和种类；
2. 房地产价格的构成要素；
3. 房地产定价方法；
4. 房地产促销目标与方式。

掌握点：

1. 房地产市场预测的原理、内容和程序；
2. 房地产市场营销价格策略；
3. 房地产市场营销渠道策略；
4. 房地产市场营销促销策略。

第一节　房地产市场预测

一、房地产市场预测的概念和意义

（一）房地产市场预测的概念

预测是指人们运用科学知识和手段，对客观世界中未来不确定事件的发展变化趋向和结果，事先所作的分析和估计。

房地产市场预测是指在房地产市场调查的基础上，利用已获取的各种信息，运用科学的方法和手段，对房地产市场供求关系及其发展趋势和相联系的各种因素加以分析和判断，为房地产开发和经营决策提供依据。

（二）房地产市场预测的意义

1. 市场预测是房地产企业投资决策的依据

正确的房地产市场预测可以使开发经营者对未来市场的变化心中有数，掌握市场对不同房地产产品需求的变化动态，以及对房地产企业开发经营活动所带来的影响，从而指导企业按市场规律办事，为制定科学的计划和开发经营活动的各个阶段、各个环节的决策提供依据。

2. 市场预测是市场营销的前提

通过市场调查，可以使房地产企业把握市场的总体动态和各种营销环境因素的变化趋势，正确的分析和判断消费者需求的变化，从而科学地选定目标市场，或者根据市场的变化，调整自己的营销策略，做到在市场中永远领先一步。

3. 市场预测有助于提高企业的竞争力

通过对市场的预测能够清楚地掌握市场的动向，作出准确的判断和估计，可以改善房地产企业的管理水平，获得较好的效益，为市场竞争奠定基础。另外，搞好市场预测，能使房地产企业先于对手采取一系列市场对策，从而大大提高企业在市场竞争中的主动性。

4. 市场预测有助于企业减少经营的盲目性和风险性

房地产市场受各种市场因素的影响很大，企业必须对各种因素的变化趋势有清楚的了解，以顺应市场的变化。另外，房地产市场受国家宏观调控影响很大，通过预测可使企业把握国家宏观经济政策走势，及时调整策略以减少盲目性。

综上所述，市场预测在房地产企业经营决策中占有是十分重要的地位。从某种意义上讲，市场预测的好坏不仅关系到企业经营成果的多少，甚至关系到房地产企业的兴衰存亡。

二、房地产市场预测的种类

房地产市场预测，按不同的标准可划分为不同的种类。通常是从商品层次、空间层次、时间层次和属性层次四个方面对市场预测进行分类。

（一）按商品层次划分

1. 单项商品预测

单项商品预测是指对某种具体房地产产品的预测，它是市场预测的基础。

2. 商品总额预测

商品总额预测是指以货币指标表示的对各种商品销售总额的预测。

（二）按时间层次划分

1. 长期预测

长期预测是指为期五年和五年以上的市场预测。它能为企业制定长远计划，选择战略目标，制定重大经济管理决策提供科学的依据。房地产企业所进行的预测多为长期预测。

2. 中期预测

中期预测是指预测期在一年以上、五年以下的市场预测。它可以为企业制定实现五年计划和长期规划的措施、方案提供信息资料。

3. 近期预测

近期预测是指预测期在一年以下的市场预测，其预测期一般以季或年计。它为近期安排市场、制定营销决策、解决近期内市场上出现的突出问题所采取的措施提供依据。

4. 短期预测。短期预测是指预测期在一个月以内的市场预测，其预测期一般以周、旬、月计。短期预测预测目标明确，不确定因素少，预见性强，便于房地产企业选择最佳的时间、地点、价格等投入商品，拓展市场，扩大销售量。

（三）按空间层次划分

1. 宏观市场预测

宏观市场预测又可称为全国性房地产市场预测。它统观全国整个房地产市场需求的发展变化及其趋势，为全国房地产的生产发展、产品供求关系、产业政策和法规的制定提供依据。

2. 微观市场预测

微观市场预测又可称为地区性房地产市场预测。它是对房地产企业所在地区的房地产市场的预测。

（四）按属性层次划分

1. 定性预测

定性预测又称判断预测，主要是用理论分析和人们的直觉经验、主观判断对房地产市场的未来发展前景作出估计。

2. 定量预测

定量预测是根据已掌握的调查资料和市场信息，利用统计方法和数学模型，对未来一定时期内房地产市场可能达到的数量和数量关系所进行的预测。

3. 定性预测和定量预测相结合

定性预测要有一定量的基础，定量预测在建立数学模型时必须符合经济理论，而且不能夸大计量模型的作用。

三、房地产市场预测的原理

市场预测之所以成为可能，是有一定的理论依据的，它主要利用了三个基本原理，即连贯性原理、类推性原理和相关性原理。

（一）连贯性原理

这一原理认为事物的发展存在相似性或类同性，现在的情况是由过去演变而来的，今后的情况又是现在顺序发展的结果。因此，可以根据过去和现在的情况推测未来。当然，经济生活的连贯性并不意味着经济事物一成不变地重复过去，但生产力发展的连续性和宏观经济系统的相对稳定性，使预测事物未来变化的主流和趋势成为可能。

（二）类推性原理

这一原理认为事物的发展存在着相似性或类同性，根据经济过程的结构和变化所固有的模式和规律，可以推测出将来经济发展百年后的情况。当人们掌握了某一类经济事件的发展变化规律后，如果又观察到有某种类似的征兆，就可以根据以往的经验来推测出其发展变化趋势。

（三）相关性原理

这一原理认为任何事物都是相互联系、相互影响、相互制约的，存在着一定的因果关系。因此，根据某一或某些事物的发展变化，可以推测出另一事物的相应变化。

四、房地产市场预测的内容

通常情况下，所谓市场预测是指房地产业对产品市场销售前景的估计。围绕这一中心，房地产市场预测有以下几方面的内容：

（一）国民经济发展趋势预测

这是房地产市场预测的首要内容。房地产市场几年来的上下波折使人们懂得了房地产市场不是孤立存在的，它受国民经济发展趋势大气候的直接影响。这一预测包括国家总的经济状况的变化、货币投放状况、物价变化、国民收入状况、市场消费结构及发展趋向。

（二）国家方针政策所带来影响的预测

其内容包括：国家关于房地产产业政策调整对房地产市场的影响；当地政府政策导向及房地产产业政策会对市场带来什么影响；国家和当地政府的政策对房地产市场商品总的供求趋势和对房地产企业生产会带来哪些影响。

（三）房地产市场需求量预测

进行市场需求量的预测，一方面要了解某产品的社会拥有量，另一方面要了解某产品的社会饱和点，二者之差则为市场需求量。要搞好房地产市场需求量预测，还必须研究影响市场潜量的各种因素，如人口、分配政策、购买心理等许多不可控制的因素。同时，还要研究企业可控因素，如产品、定价、分销、促销策略变化等对市场需求的影响。

（四）技术发展预测

技术发展对房地产产品发展有着决定性的影响，建筑和装修的新材料，新技术和新工艺及其在房地产产品上的应用，都会改变用户对房地产产品的需求，从而对房地产市场发生重大影响。

技术发展预测的主要内容是，对新技术、新材料、新工艺、新发明、新设备所具有的特点、性能、应用领域、应用范围、应用速度及效益，以及它们对房地产产品生命周期的影响进行预测。

（五）销售前景预测

这是对今后一段时间内最接近的房地产销售水平的预测。它包括销售量、品种、规格、地域、价格等变化情况。当企业的市场潜量和销售潜量确定后，就可以进行这种销售前景的预测。销售潜量是指某一产品在市场上的销售可能性，但由于设备、资金、价格、竞争力等条件限制，企业还不可能实现全部销售量。

（六）产品生命周期预测

企业拟开发的新产品以及正在生产的老产品，通过市场预测手段，可使企业掌握其所处于产品生命周期的哪个阶段。据此，企业就可以有的放矢地控制不同产品的不同市场策略和生产策略。

（七）供给能力预测

1. 全行业供给能力预测

其预测内容包括：从事房地产同类产品生产的商家有多少，生产规模有多大，成本高低，管理水平及技术状况如何等。

2. 本企业发展能力预测

其预测内容包括：房地产企业生产规模、技术条件、资源及能源供给、运输、人才、资金来源等方面的发展趋向。

3. 服务能力预测

其预测内容包括：客户对服务的需求及房地产企业所能提供的售前、售中、售后服务。

（八）市场价格走向的预测

这是房地产企业对房地产商品市场价格发展趋势的预测。

（九）市场竞争情况的预测

这是房地产企业对房地产市场竞争情况及其发展趋势的预测。

五、房地产市场预测的程序

房地产市场预测必须遵循一定的程序，才能达到预期效果。同时，是否遵循一定的科学程序也是科学预测与经验估算的最大区别之一。

房地产市场预测大体要遵循以下步骤：确立预测目标；拟订预测工作计划；收集与整理资料；选择预测方法；实施预测；预测结果评价；用于决策。市场预测的各个步骤是相互联系的，在时间先后次序上可以交叉进行，这需要根据预测目的和实际工作进度灵活掌握。

六、房地产市场预测的方法

（一）德尔菲法

德尔菲法又称专家调查法，是指以不记名方式轮番征询专家意见，最终得出预测结果的集体经验判断法。它是定性预测方法中最重要、最有效的一种方法。德尔菲法尤其适合于长期需求预测，特别是在时间跨度较大、缺乏历史数据、应用其他方法有较大困难而无法作出较为准确的预测时，采用此法能够取得较好的效果。

用德尔菲法进行长期市场需求预测一般分三个阶段进行：

（1）准备阶段。主要工作是准备背景资料，设计调查表和选择专家。背景资料应使专家获得的信息系统化；精心设计的市场调查表应包括市场内容、供需变化趋势、价格走势等信息，以使专家能进行准确的预测；选择专家是德尔菲法的关键，专家应对预测的问题有深入的研究，专家人数一般为20～50人。

（2）征询阶段。专家选定之后即可开始征询，一般进行3～4轮。在进行征询的整个过程中应保持专家的独立性，即避免专家彼此发生联系，直接由预测人员进行函询或派专人与专家进行联系。各轮征询应循序渐进。

（3）结果最终处理阶段。即对最后一轮专家意见进行统计、归纳与处理，得出代表专家意见的预测值和离散程度，并对其作出分析评价，确定预测方向。

（二）时间序列法

时间序列法就是将历史资料和数据按一定时间顺序构成一个统计数列，并根据其发展动向向前推测。运用时间序列法要受一定条件的制约：一是需要有较完备的时间序列资料，并且在这些资料中存在着一定的模式或趋势；二是数据随时间的变化波动不是很大；三是影响市场的各种因素基本未发生变化。时间序列法主要有简单平均法、加权平均法、移动平均法和指数平滑法。

1. 简单平均法

简单平均法是将序列各期实际数据简单平均，将平均值作为下期的预测值。其计算公式为：

$$预测值=\sum 各期的实际数据/实际的期数$$

2. 加权平均法

加权平均法是先确定各期的权重，然后计算加权平均值，并以其作为下期的预测值。其计算公式为：

$$预测值=\sum(各期的实际数据\times 各期的全重)/\sum 各期的全数$$

3. 移动平均法

移动平均法是根据时间序列的各期数值的平均数来预测未来的一种方法。其计算步骤为：第一，确定各期的期距；第二，求各期的简单平均数；第三，求出趋势变动值；第四，求预测值。其计算公式为：

$$预测值=最后一期平均值+期距\times 趋势变动值$$

4. 指数平滑法

指数平滑法是选取各时期权重数值为递减指数数列的均值的方法。其计算公式为：

$$预期值=平滑系数\times 上期实际值+(1-平滑系数)\times 上期预测值$$

（三）回归分析法

回归分析法是根据预测变量（因变量）和相关因素（自变量）间存在的因果关系，借助数理统计中的回归分析原理，建立回归模型，进行预测的一种定量预测方法。回归模型按自变量的多少，可以分为一元回归模型和多元回归模型。

运用回顾模型进行预测，一定要满足以下模型假设：

(1) 线性关系假设。自变量与因变量之间存在线性关系，这种线性关系可以是直接的关系或经取对数等变换得出的线性关系。

(2) 零均值的假设。误差项的均值必须为零，该假设表示尽管回归模型有可能未包括所有应该包括的自变量，但由于未包括自变量所导致的误差作用相互抵消，因此总体上模型不会出现偏差。

(3) 恒定方差假设。模型误差项的方差必须恒定，不随历史观测数所处时间区域而改变。

(4) 正态分布假设。误差项必须服从均值为零的正态分布。

(5) 非自相关误差假设。误差项在序列中无自相关性。

(6) 正交性假设。误差项与自变量之间不存在相关性。

（四）弹性分析法

弹性又称弹性系数，是一个相对量，可衡量某一变量的改变所引起的另一变量相对变化的程度。弹性分析法就是利用两种因素间的弹性关系来进行预测。

（五）投入产出分析法

投入产出分析法是通过建立投入产出模型，描述基础产业投入或就业与房地产业发展间的关系，并根据基础产业投入的变化对房地产业的影响，发现房地产业的发展趋势。投入产出分析法还可以用来评估房地产业在投入方面的制约条件及其对房地产业发展空间的限制。

（六）价格指数分析法

随着房地产价格指数的日益完善,其在房地产市场分析中的作用也日趋重要。利用房地产价格指数不仅可以判断房地产价格走势,而且可以分析不同区位、不同类型、不同档次物业的价格走势。

（七）房地产估价法

房地产估价法就是利用房地产估价原理和方法进行房地产商品的价格预测。常见的房地产估价法有市场法、成本法、收益法、假设开发法、基准地价法等。

其中,市场法是将待预测的房地产与在较近时期内已经发生了交易的类似房地产加以对照比较,根据已发生交易的房地产价格,通过多项因素的修正得出待预测房地产价格的一种方法;成本法是以开发或建造待预测房地产或类似房地产所需耗费的各项必要费用及正常的利润和税金为依据,来确定待预测房地产价格的一种方法;收益法是运用适当的还原利率,将待预测的房地产未来的正常纯收益折算还原,从而确定待预测房地产价格的一种方法;假设开发法是以以后的余额作为待预测房地产价格的一种方法;基准地价法是通过将待预测的房地产与基准地块比较,对基准地价进行修正后得出待预测房地产价格的一种方法。

第二节　房地产市场营销价格策略

一、房地产价格的特征

房地产价格,是指在房屋建造、建设用地开发及其经营过程中,凝结在房地产商品中活劳动与物化劳动价值量的货币表现。它是房屋建筑物价格和地产价格的统一,是房地产商品价值和地租资本化价格的综合性货币表现。房地产价格同其他商品的价格一样,具有两种职能:一是商品价值的货币尺度;二是调节职能,即反映价格与价值的偏离,调节资源和收入的分配,从而对社会再生产过程发挥其杠杆作用。但由于房地产商品的特殊性,其价格的形成,有两个问题需作特殊考虑:

一是房地产价格的形成要基于长远考虑房地产的构成及效用,往往会随着时间的推移而发生变化。通常某一房地产与其周围的其他房地产构成一个地区,但这种地区往往并不是固定的,其社会、经济地位是经常处于扩大、缩小,集中、扩散,发展或衰退等变化过程中的。因此,房地产的构成状态、效用是否最为适当,往往也随着时间的推移而有所变化。房地产的价格,也必然会随着其效用的变化而发生变动。所以,房地产价格,通常是就过去至将来的长远考虑下形成的,今日的价格是昨日的展开、明日的反映。

二是房地产价格通常具有不易识别的特性。由于房地产商品的不动性、个体性等自然特性,而有异于其他一般商品,不易形成交易市场。其他一般商品可以进行样品交易、品名交易,其价格容易在交易市场上形成;而房地产却不能将其搬至一处作比较,要认识其商品,只有亲临现场观察。因此,房地产的价格,通常是个别形成的,它不具有任何人都能容易识别价格的条件,这也正是需要进行房地产估价的原因。

二、房地产价格的构成要素

（一）房屋建筑安装工程费

它包括建造房屋过程中所耗用的直接费用，具体包括各种材料、配件、半成品的用量以及周转材料的摊销量按相应的预算价格计算的材料费，施工机械使用费，人工费，间接费；施工企业的利润和施工企业应交纳的营业税、城市维护建设税和教育费附加三项税金。

（二）勘察设计费

它包括委托勘察设计单位为房屋建设进行勘察、规划、设计，按规定支付的工程勘察、设计费用；为房屋建设进行可行性研究等支付的前期工作费用；在规定范围内由建设单位自行完成的勘察、设计工作所需费用。

（三）土地开发使用费

它包括土地出让金、征地拆迁费、土地直接开发费三项内容。城镇土地出让金的主体部分是城镇建筑用地的地租，反映的是土地使用者为获得土地使用权而对土地所有者作的经济补偿。它是根据房屋建造在城镇内某一地理位置的不同，以及使用土地（建设用地）面积的大小，向国家缴纳的费用。征地拆迁费包括征地费用、安置补助费和劳动力安置费等。土地直接开发费，是指为了房屋建筑施工和使用，需要搞好建筑地段上的土地平整，达到通上下水、电、路、热、煤与电信等而投入的费用。

（四）经营管理费

它是从房屋建成交付使用到出售过程中，房屋开发经营单位的管理人员所发生的一切费用和上缴的管理费，属流通领域中的间接费，包括职工福利费、修理折旧费、家具用具摊销费等。

（五）利润和税金

利润是房地产开发经营单位应得到的收益，是企业扩大再生产的资金来源。税金是应向国家缴纳的费用，反映了单位或个人对国家的贡献。在房屋生产建造和进入流通的全过程中，所涉及的生产者或经营者，都应将获得的利润向国家缴纳税金。利润和税金是房地产商品价值的重要组成部分。

三、房地产定价方法

在房地产销售过程中，买家最敏感、最为感兴趣的，就是房地产开发商对其产品的定价。买卖双方能否达成协议最根本的问题就是价格问题。

房地产价格早已成为房地产销售过程的核心和关键性问题，一切操作均以此为主轴。对房地产营销而言，有高价位营销法和低价位营销法之分，本高价低或本低价高反映了不同的经营观念，都会引起房地产经营利润的变化。但是，房地产不管如何定价，最后都必须符合市场原则，接受市场的最后检验。以下是房地产开发经营过程中常用到的几种定价方法。

（一）成本加成定价法

成本加成定价法即先计算出房地产品的全部成本，然后再加上一定的利润率。这种方法的特点是先得出成本，规定一个合理的预期盈利比率，两者相加就得到售价。举例来说，如某项物业成本为 100 万元，预期利润率为 30%，则该宗物价出售时可定价 130 万元。使用成本加成定价法时，必须考虑房地产市场行情及市场竞争的激烈程度，只有这样，才能定出合理的房地产价格。

（二）竞争价格定价法

竞争价格定价法主要根据相近产品或附近地段房地产市场竞争的状况而制定价格。当竞争激烈时，条件相当的两楼盘，即使价格相差幅度很小，比如只差总价格的1%，买家也会倾向于购买价格相对便宜的房地产。当房地产市场处于高潮时，先上市的物业可能定价稍微低于市场可接受的价格水平，而后上市的物业即使与先上市物业的产品性质、地段、繁荣状况都相似，也可以定出比较高的价格，因为此时的房地产行情看涨。

（三）加权点数定价法

加权点数定价法是指在制定预售房屋的价格时，通常收集一系列同类物业交易的价格等相关资料，运用市价比较法，分析房地产市场行情，然后根据房屋面积、朝向、视野、楼层、市场繁荣程度等情况，分别给以不同的价格，根据这些价格来用加权平均法计算出整个物业出售时的合理价格水平。这种价格水平综合了各种不同情况，并对物业各相关部门的利弊进行了平衡，因而是一种平均的、折中的价格。

下面分析各种不同情况下房屋价格水平的差异。

1. 朝向差价

一般而言，根据我国独特的地理环境和文化背景，朝南的单元较贵，东南朝向、西南朝向的次之，朝北的则最便宜。若所有的厅和卧室都朝南，则最贵，若所有的厅和卧室都朝北，则最便宜，其他依此类推。

2. 楼层差价

对高层楼房而言，通常是由低层向高层逐渐趋贵，但最顶层的则比它下面三四个层的要便宜。对六层公寓而言，一般情况是，三、四层最贵，二、五层次之，一、六层最便宜。

3. 边间差价

对公寓而言，三面临空，并且三面采光的房屋最贵，二面临空、二面采光的房屋次之。对别墅而言，四面临空的独栋别墅最贵，三面临空的双拼别墅次之，二面临空的连体别墅最便宜。

4. 面积差价

因面积大小而导致的差价系数的不同，往往和总价配比有关。当一个楼盘的总价范围波动很小，但因市场需要，要求拉开总价落差的时候，就会对不同的面积单元确定不同差价系数来加以实现，以锁定不同客户的总价需求。而且由于人们在不同面积的房屋中生活的舒适感程度完全不一样，因此房屋面积有一个适度规模，面积太大或太小的房屋价格都不可能太贵，而以最适宜人们生活尺寸的房屋价格较贵。

5. 视野差价

如果房屋面临公园、湖泊，视野较佳，人生活在里边会感到轻松自然，这样的房屋一般价格较贵。而面临闹市区或采光不佳、视野较差的房屋，即使在同一幢楼的同一楼层，价格也相对便宜。

6. 产品差价

房地产产品是由建筑材料构成的，而建材有许多档次，价格差异很大。例如，铝质门窗和铜铸门窗价格相差很大，而大理石、花岗石面料也不是一般的瓷砖价格能比拟的，外国进口的厨房设备、卫生洁具一般也比国内产品贵好多。因此，建材价差造成了房地产产品的差价。

7. 设计差价

室内格局、大小公共设施的配置都会影响房地产价格。另外，如开放空间、休闲空间的设计也因提高居住品质而提高房地产产品的价位。

8. 口采差异

一般来说，双数的楼层门牌号贵一些，单数的楼层门牌号便宜一些，如有 1 或 14 号码的便宜一点，含有 18 号码的贵一点。

（四）顾客感受定价法

当购房者对开发商的品牌和信誉有信心时，即使该产品价格稍高于其他同类产品，购买者也会乐于购买。当买家对开发商不具有信心时，即使定价低，买家也会犹豫再三，甚至怀疑其产品质量，大大影响其销售。所以，开发商定价时，要周密考虑，并不是价格越低越好，有时候价格太低反而使买家怀疑产品质量。

由于房地产产品定价最后都得经过市场检验，如果购买者乐意接受，则该产品行情看涨，否则行情不妙。房地产产品与其他许多商品一样，名牌和信誉能主导消费者的消费欲望。但是房地产产品定价也不能太离谱，主要应参考成本价格，若定价超过顾客所能忍受的价格，会对销售不利。

第三节　房地产市场营销渠道策略

营销渠道是将产品由生产者转移给消费者的途径。在房地产营销中，有三种主要的营销渠道，即开发商直接销售、委托代理商销售和通过房地产经纪人销售。

一、开发商直接销售

开发商直接销售的方式由于是与消费者直接接触，因此，有利于收集消费者对产品的意见，有利于改进企业的工作，提高竞争能力和建立良好的企业形象。但是，这种方式要求房地产公司具有很强的销售力量，它包括一个有效的营销机构和一批既懂房地产营销知识，又懂相关法规高素质的营销人员队伍。

开发商多在下列情况下采用直接销售的方式：

(1) 大型房地产公司在公司内部设有销售部门，专门负责公司楼盘的销售工作。它们往往有自己的销售网络，提供的服务有时比代理商更为有效。香港的大型房地产公司，如长实、新鸿基、恒基兆业等多采用直销的方式。一方面是因为发展商有实力；另一方面，是他们认为自己公司的人会全力为公司推销，由他们来进行销售工作效果会比较好。而一个代理公司往往可能同时有很多楼盘推出，不一定有足够的人力、物力来推销每一个所接受委托的楼盘。

(2) 市场为卖方市场。当市场为卖方市场时，房地产市场供不应求，推出的楼盘很受欢迎。1992—1993 年间房地产热时，就是这样一种情况。只要一开盘，楼盘就立即被抢购一空，当然无需再去找代理公司了。

(3) 楼盘素质特别优良。一些楼盘由于自身素质特别优良，市场反映非常好，有时甚至由业主预付部分或全部建设费用，像这样的情况，当然也无需委托代理。

在开发商直销中，公司的销售人员代表公司与客户洽谈，签订协议，因此，销售人员不仅应具有较高的素质，而且须掌握房地产专业及相关知识，对所推荐的楼盘非常熟悉，对市场上同类竞争项目也相当了解，这样才能更好地向顾客推荐楼盘。

二、委托代理商销售

一般中、小型房地产开发商，考虑到本身的实力以及专职销售人员的支出成本较大，多采用委托代理商销售的方式。而有些开发商虽然拥有自己的销售队伍,但有时也要借助于代理商。

随着房地产市场的不断发展,竞争越来越激烈,市场信息对于一个项目的成败相当关键,而代理商由于置身于市场中,每天都有机会接触到大量的信息,因此,代理商的作用是不可低估与忽视的。专业的代理商并不是说简单地接手开发商推出的楼盘,将它推销出去,而是在项目的前期就已介入。开发商开发的楼盘应该进行怎样的市场定位,户型如何安排,如何拟定合适的价格,代理商都可根据其专业知识和掌握的市场信息来出谋划策;而在楼盘的推销过程中,由于代理商具有丰富的推销经验,因此往往能很好地完成推销工作。

由于代理的形式有多种,即联合代理、独家代理、买方代理、卖方代理和双重代理、总代理和分代理等。因此,开发商可根据项目的具体情况采用不同的代理形式,如对于一些比较庞大的、功能比较复杂的项目,可采用由几家代理商联合承担代理工作;或者采用委托一个代理商作为项目的总代理,全面负责项目的代理工作,总代理再去委托分代理,让分代理负责物业某些部分的代理工作。

三、房地产经纪人

(一) 房地产经纪人的职能。

房地产经纪人具有以下的职能:

(1) 协助开展有关房地产的推销、宣传等活动,以吸引最好的买家或顾客。

(2) 代客物色适合购买或租用的房地产。

(3) 收集有关房地产资料,如房地产所在的地区、位置、图例,有关租约资料或地契资料等,以协助交易有效、顺利地进行。

(4) 联络金融机构,洽谈有关房地产抵押贷款条件及各项细则。

(5) 联系律师事务所,进行交易程序。

(二) 房地产经纪人的资质

房地产经纪人的资质是政府有关机构(主要是房地产管理部门和工商行政部门)对房地产经纪人资格的审定和确认。具体包括以下四个方面:

(1) 具备多方面的专业知识和经营能力。应熟悉房地产市场管理的方针、政策,以及市场行情等相关的业务技术知识,应具有评估房地产数量、质量、售价、租金、折旧、维修升值和保险、纳税、抵押、信贷等经济方面的知识;熟悉房地产买卖、租赁、分割、继承、过户登记等国家政策法规方面的知识;掌握城市土地开发和再开发、房屋维修、拆建、重建、规划、建筑、物业管理等方面的知识;熟知民俗风情、邻里关系、社区传统、家庭结构、人口变化等社会学方面的知识;了解噪声、绿化、采光、水源、供电、供暖、道路等环境保护和基础设施配套等方面的知识;以及具有一定的信息收集、储存、传播交换的能力,较强的公关能力和基本的房地产测绘能力等。

(2) 要有一定的经营方向和经营范围,并要有相对固定的场所。房地产经营的业务量大、种类繁多、区域广,经纪人的活动应根据社会需要和自身特点,确定一定的经营方向,并按业务种类或地域,确定一定的经营活动范围。

(3) 要有正当的社会身份和为活跃房地产市场服务的从业目的。

(4) 要有良好的职业道德,要严格执行房地产市场管理的方针、政策并遵纪守法,在国家法令和政策允许的范围内开展经纪活动。

四、第二营销渠道

无论是开发商直销，还是委托代理商或经纪人销售，其销售房地产产品的程序一般都是：做广告、谈客户、看样房、翻楼书、签合同。如果把从广告起步所引发的客户称为第一营销渠道，那么，值得注意的是，由于物业及物业包装而产生的市场信任度，由客户间互相传递而产生的客户群，则是至关重要的房地产第二营销渠道。楼市以广告为主体推盘既是现实需要，也是形势所迫。由广告投入而产生的销售量，商业推广效应明显而直观，但却显得不够稳定，致使不少企业难以控制市场走势，无法把握成交量。而非广告引发的购买力，虽然效应不够直接，但却非常深入，这种由于物业本身引发的市场冲击力，由于客户滚动派生的购房源，成交率高，一旦第二营销渠道建立，物业在市场中的状态就极为稳定。

第四节 房地产市场营销促销策略

现代房地产市场营销不仅要求开发商开发好的项目，制定出合适的价格，还要求开发商与现实或潜在的顾客沟通，使他们对房地产商品，从注意、发生兴趣到产生购买的欲望，进而购买获得满足。要达到与顾客之间的沟通，尽可能快地销售房地产商品，以实现企业的经营目标，还要借助于房地产市场营销的促销策略。

一、房地产促销目标与方式

（一）房地产促销目标

房地产促销是指房地产企业（或业主）通过一定的方式向消费者传递房地产产品信息并与消费者进行有效的信息沟通，以达到影响消费者的购买决策，促进房地产商品流通的营销活动。

一般来说，房地产企业促销目标有以下几个：

1. 提供信息

房地产促销最根本的目标就是通过向目标消费者传递信息，使消费者了解房地产企业提供的房地产商品，并了解房地产企业本身。不同时期不同消费者对信息的要求不同，只有提供的信息能够满足消费者对信息的需求时，提供的信息才能达到增进消费者对特定企业或房地产商品认识的目的。

2. 突出特色和优点

房地产的一大特性是异质性。因此，房地产促销的任务之一是找出特定房地产商品与竞争房地产商品相比具有的不同属性，使目标消费者认识到两者在地段上、价格上、质量上、户型上、功能上或物业管理、付款方式上的不同之处，并以这些不同属性满足消费者的需求。

3. 强调房地产的价值与品牌

相关调查资料表明，促销强度大的产品，顾客对它的价值评价要高于同档次促销强度小的产品，不通过有效的促销，即使具有名牌特征的产品也难以成为市场上的名牌货。

4. 刺激需求

刺激需求即通过促销刺激需求，这对房地产市场的营销具有重要的作用。

5. 增加租售

增加租售即通过促销达到增加租售量，提高租售额，这是房地产企业促销最根本的目标。

（二）房地产常用的促销方式

为了实现房地产的促销目标，可以使用不同的促销方式。常用的促销方式有以下三种，即：广告、销售促进和人员推销。

二、房地产市场营销广告策略

据统计，西方国家房地产广告的费用占销售额的1%，这一比例仅次于酒、清凉饮料而高于其他很多行业。由此可见，广告在房地产市场营销活动中占有极其重要的位置

简单地说，广告就是利用一定的媒介将产品介绍给消费者的一种促销手段。因此，在进行广告策划时，必须从产品、消费者、广告制作技巧及广告发布时间等四个方面来进行研究分析。以下简要介绍房地产广告策略的主要内容。

（一）熟知物业

要熟知物业，必须对产品——物业本身加以研究。熟悉物业的基本构成，如交通状况、所处位置、地理环境、市政配套设施、小区配套设施、绿化、建筑设计特点、装修标准、租售价格等，并从中提炼出宣传重点，即所谓的“卖点”。一般来说，在一个房地产项目的前期策划时，就应该有一个明确的市场定位，主要包括房地产的素质定位、价格定位、消费者定位和区域定位。根据这些定位，再形成广告中的卖点重点宣传，使物业的特点在消费者心目中留下深刻的印象。

（二）对消费者进行分析

在某一项目已有了明确的市场定位之后，该物业所面向的消费者人群，一般来说就已经很明确了。该类消费群体是怎样的一些人，他们的职业、收入、年龄、性别、文化层次、消费心理是怎样的，以及由此而引起的一些消费倾向，都是进行消费者分析所要解决的问题。只有透彻地了解了目标消费者之后，广告才有针对性。也就是说，应该站在消费者的角度来进行广告创作，告诉他们最想知道的东西。

如某公司开发的高层住宅项目，邻近有一个高尔夫球场，开发商在广告构图上并没有刻意追求楼盘形象的醒目，而是将其所处的环境——高尔夫球场大肆渲染，用近3/4的版面突出了高尔夫球场一望无际的草坪，给人以强烈的视觉效果。该物业定位于高档住宅，广告的制作就是抓住了该类消费者注重生活环境的特点，从而一举成功。

（三）掌握广告制作的技巧。

（1）确定表现的主构想和副构想。

（2）了解并分析楼盘和营销方法等在市场竞争上的关键点。

（3）确定广告的气氛和个性诉求的设计，以迎合消费者接受广告的心理背景。

（4）根据消费特征和媒体的特征进行设计。

（5）注意寻找提高传播效果的具体做法和要点，如版面大小、位置、形状、日期、文字、语言、形体、名人等影响传播效果的要点。

（6）进行房地产广告创作一定要注意追求独特性，追求独特性是房地产营销广告创意的生命。众所周知，在房地产市场上，只有相似的物业，没有完全相同的物业。即使是完全相同的建筑设计，同样的售后服务，也会因不同的区域环境，不同的工程配套设施，使这些相同外观的楼盘具有不同的使用功能，不同的增值潜力。在市场营销中，楼盘之间在营销方法和策略上都会有所

不同。所以,广告创意人员就要充分发掘楼盘独特的个性,找出它销售上的优势点,在优势上做足文章,使需要这类房子的客户充分认识这一楼盘的优势。

(7) 房地产广告创作还应该注意对楼盘案名进行包装。不同楼盘,不同案名,提供给客户不同的需求。楼盘案名大致可分为以下几种类型:

(1) 享受一种异域情调的楼盘案名,如美树馆、正润欧洲花园。

(2) 着力体现一种高尚身份的楼盘案名,如书香门第、名门世家、名流花园。

(3) 表达一种新生活气势的楼盘案名,如世纪之门、阳光世纪。

(4) 显现居住温馨感觉的楼盘案名,如新上海一家人——虹棋花园、公园旁的家。

楼盘案名在一定程度上能起到导购作用。好的案名,也能显示出开发商对自身项目的重视,具有相当的市场意识。现代人追求的是居住质量、生活品位,楼盘案名从一定程度上反映客户的一种需求、一种精神寄托、一种新生活的愿望和对未来的描绘。楼盘通过案名的包装,在楼盘品位、文化立意、生活环境上能突出更多的卖点。

(四) 确定广告的发布时间

由于房地产商品与其他商品相比,生产周期非常长,项目的开发周期一般都在2年以上。而房产同时又是一种集使用和投资于一身的昂贵商品,人们在采取购买行为前都会对市场进行调查,并经过一段时间的研究、比较后方能达成购买行为,所以它的选择和购买周期也较长。在个人购房市场形成的今天,购房行为更是不易实现,因此房地产广告的作用也较以往更为重要了。

根据一般商品广告的目标流程来说,一种产品从信息出现到最终购买,主要经历留下模糊印象—形成具体概念—产生影响和信赖—发生购买行为等几个阶段。对于具体的项目而言,要区别各个不同的开发、销售阶段,采取具有针对性的广告宣传对策,才会对项目销售起到更大的支持作用。

1. 第一阶段:销售准备期——广告宣传进入导入期

在房地产项目宣传的前期,广告宣传侧重项目知名度的扩大。虽然,不同的项目会选择不同的工程阶段入市宣传,但作为一般资金不太雄厚的开发公司来讲,一般都会在内部认购期或预售期时开始广告宣传。在这个阶段,工程施工刚刚开始,销售工作也只是处于准备阶段,由于项目现场还没有具备可以展示的条件,因而宣传形式一般应选择传播面较广的媒体,如报纸、广播等。将新项目入市的消息传播出去是这一阶段宣传的主要任务,广告的频率没有必要太高,宣传力度也可以先小一些。这一阶段的项目广告应着重于项目卖点的建立,这样可以在人们心里形成一个固定而清晰的概念,以达到在众多项目中脱颖而出的目的。

2. 第二阶段:项目强销期——广告宣传进入猛攻期

这时期由于工程进度有所变化,项目形象已经建立,给人一种工程加速建设的感觉,而此时的销售工作也全面展开。这时的项目宣传应"加热",广告频率及媒体选择均需大大增加,可采用广播、电视、报纸、参加展销会等多种形式,以鲜明的形象、强烈的广告攻势撼动市场,以广告为先导,吸引客户的到来。这一阶段的广告意图是全面凸显项目优势,如户型设计、附属设施、所处地理位置、人文环境等,使客户对项目加深了解并产生信赖。在广告形式上要有创意和突破,能给人留下深刻的印象,在广告语言上要生动形象,易懂好记。广告配合得好,会使强销期中的成交量增加,这一时期一般也是项目销售业绩最好的时期。

3. 第三阶段:销售持续期——广告进入巩固期

在强销期过后，新增客户会维持在一个相对平衡的数量，因此广告应相应降温，但仍应保持一定稳定的频率出现，在达到当期销售目的之外，还需为第二次强销期做准备。在此销售阶段的工程项目进度快的已经达到主体竣工或装修阶段，楼宇及社区规模形象初显，可以让客户看到大体的实物建筑。这时除相应的媒体广告之外，可以更多地安排客户参观样板间和工地，虽然参观工地有一定危险和麻烦，但可以给人一种身临其境的感觉，也使客户对于工程质量做到眼见为实。

4. 第四阶段：销售结案期——广告进入消退期

房地产项目销售快终结时，较好的户型和楼层基本都已售空，剩余房屋不多，但也大多是不太好销的尾房。这一阶段的项目广告宣传有点类似第一阶段——告之阶段；但告之的不是项目出现的消息，而是项目还剩多少面积。因此，这一阶段的广告重点也是以优惠促销尾楼为主，广告创意也无需太多变化，频率大大减弱，直至停止宣传。

从上面对不同销售阶段采用不同广告攻势的分析不难看出，房地产项目不同的销售阶段，其广告的任务与目的均不同，应区别对待，并有针对性地及时调整广告规模和广告组合。这样可以为开发商节省资金，将有限的广告费用用在关键时期，以求达到事半功倍之效。

三、房地产市场营销销售促进策略

销售促进策略是运用种类繁多的促销工具，激发较早或较强的市场反应，从而刺激消费者缩短其购买的过程，为马上购买提供理由。在现代房地产市场营销活动中，每个消费者都不可避免地充当信息传播者和促销者的角色。目前，主要的销售促进策略有以下五种：

（一）房地产展销会

房地产展销会是一种常采用的促销工具。房地产展销会一般来说，可以在短时间内聚集更多的潜在购买者，是销售楼宇的好时机。展销会一般由政府的职能部门或行业协会、中介机构组织组办，开发商也可自行组办展销会。展销会上不仅有各式各样的楼盘参展，便于顾客选择，开发商还经常推出一些优惠促销措施。例如，在展销会期间在价格上给予优惠；由政府牵头的展销会往往会提供一些政策上的优惠等。应该注意的是房地产展销会，是不应当以当场成交论成败的。展销会顾名思义，首先是展示，其次是销售。最重要的是通过展示自己的产品，树立品牌，为本企业提高知名度，为今后的产品销售铺路。

（二）现场看楼

现场看楼是最常用的，也往往是最有效的促销手段，对于小区规划好、楼盘素质高的项目来说它是最理想的促销手段。有些外销楼盘通过旅游公司，安排外国游客参观现场，达到推销的目的。通过现场看楼还可吸引大量潜在客户及信息传播使者，将开发商的理念传播给更多的潜在客户。

（三）买楼送物

这种形式最好是配合展销会来进行，可能效果更佳。有些开发商推出买楼送空调，而且全楼的空调都安装就位，给购房者的感觉是，空调的费用已打入房价，羊毛出在羊身上，这时的“买就送”很难成为引发购买冲动的原因。在展销会上来个买楼送物（或者送面积或是免收若干月物业管理费等）手段，对于已经有较强购房意向、容易冲动的客户，会起到在背后轻推一把的作用。

（四）与客户直接交流

与客户直接交流的方式有座谈会、酒会等。座谈会是用得不多的一种促销活动，举办这种活动，要事先确定目标客户，这一点操作比较难。邀请一批目标客户，参加座谈会，听取他们对小区的规划、环境、楼盘的设计、物业管理等方面的意见，借讨论之际，介绍楼盘，明修栈道，暗度陈仓。对讨论会上有出色的建议，应该听取。酒会是最高雅的促销活动，在国内鲜有用者，在国外也限于上流社会。这种促销活动，对于高级公寓、写字楼和高级会所来说，较为有效。在小区会所内，若干星级酒店中，这类活动的出席对象多为社会名流，在优雅的音乐声中边慢酌细嚼边高谈阔论，谈笑间楼盘已易手。

（五）安居助业工程

安居助业工程就是帮助购房者就业、创业的一系列帮扶措施。例如，针对购房入户者，成立“购房入户就业所”。根据购房入户者的能力和经历，进行人才分类，同时开展业务培训，通过与有关部门、机构或用人单位挂钩，推荐人才就业，在一定程度上解除异地购房者在就业保障问题上的疑虑和担心。安居助业工程不仅在一定程度上对销售有利，而且缓解了社会的就业压力，具有一定的社会效益。

四、房地产市场营销人员推销策略

（一）人员推销的概念和作用

人员推销是指销售人员运用口头宣传、上门推销等各种方式和技巧，向消费者传递信息，推销产品。其作用主要在于：

1. 有利于建立良好的公共关系

推销人员同广大消费者、协作者和用户保持经常的、直接的联系，为客户当面提供咨询和协调工作，以及为客户提供优质服务，有利于企业与客户建立良好的人际关系。在通常情况下，推销人员十分注意买卖双方的感情，有利于长期的合作。

2. 能为企业创造更多的效益

人员推销的主要任务是推广销售本企业的商品，不断寻找新客户，开拓新的市场。他们在社会上有选择、有目标地开展推销活动，能直接激发客户的购买欲望并使客户采取购买行为，缩短交易时间，可以使企业获得更多的收益，加速了资金周转速度，为扩大再生产创造良好的条件。

3. 能够提高企业的市场竞争能力

推销人员除完成自己的销售任务外，还兼做市场调查、市场预测、市场研究工作。他们在推销过程中经常遇到同行业的竞争对手，这就有必要调查研究竞争者的商品及其营销策略，随时掌握市场动向，提高应变能力，这样，无疑能提高企业的市场竞争能力。

（二）人员推销的步骤

1. 寻找客户

寻找客户即由推销人员寻找可能购买商品房的消费者或单位用户。寻找客户的办法很多，推销人员可以通过查阅资料、上门访问、个人观察等办法直接寻找；也可以通过亲朋好友或团体的介绍来间接寻找。

2. 接近客户

接近客户即推销人员通过自我介绍或亲友介绍等办法去接近客户。在接近客户时要注重礼仪、谈吐大方、不卑不亢，以消除客户疑虑，取得客户信任。初次接近时，一般要适当地控制交谈时间，以免客户厌烦；也可以根据具体情况，不失时机地转入正式的推销面谈。推销面谈，即推销人员说服客户购买和买卖双方洽谈购买事宜的过程。推销人员应通过广告、模型照片、录像、报道等资料，把客户的购买欲望与企业的房地产商品的优点联系起来。推销人员要做耐心而有说服力的解释，以克服顾客的心理障碍。

3. 达成交易

达成交易即在客户作出购买决策的基础上，推销人员要把握时机，就商品房的价格、付款方式、售后服务等具体问题做进一步商谈，在可能的条件下提供必要的优惠，在此基础上签订合同，促成交易成功。

4. 跟踪服务

跟踪服务即售后服务。这是人员推销的最后环节。良好的售后服务，不仅能加深顾客的好感和提高企业信誉，还能获取各种反馈信息，为新的销售活动提供经验。

（三）推销方法与技巧

推销方法与技巧是根据消费者和用户的购房规律所采取的激发购买动机、促进购买动机转化为购买行为的一系列措施和手段。房地产商品价值大、使用年限长，且买房对个人或家庭来说都是件大事，因此顾客买房往往是理性购买。面对这些理性且日益成熟的顾客群，推销工作的难度越来越大，所以推销人员必须掌握一定的推销方法与技巧。

1. 施展优势

推销人员应充分利用本企业商品房某些方面的特点、优势来扩大销售。在激烈的市场竞争中，一个房地产开发企业一般总有某些相对优势，如具有靠近车站、港口、风景区、商业中心等优越的地理位置，或价格较为低廉，房屋经济实用，或有良好的售后服务等。推销人员如能充分利用这些优势，就可能较快打开销售局面。

2. 业绩促销

在房地产买卖中，从众心理的作用远不如其他动产产品来得大，房屋的不可移动性和金额的庞大使得人们在购买时不得不小心翼翼，三思而后行，只有到了最后关头，从众心理才有可能起到大作用。当客户对一个项目已经表示满意，正在犹豫不决时，销售人员告诉他这项目已售出了大半，该客户很可能就会不再犹豫，当场拍板。如果这一信息是来自其他购房者，或者当场就在他眼皮底下成交好几宗交易，那么他购买的决心将更加坚定不移。销售情况好的项目，发展商应该及时地将业绩通报给购房客户，让事实来说话，他人的口，对购买心理影响很大。充分利用已购房者的活广告作用是英明的促销手法。

3. 捕捉商机

商机具有以下几个特征：一是时间上的差异性，销售的最佳时机一旦错过，机会也就消失。二是空间上的有限性，往往在一地能形成销售机会，在另一地就不能形成销售机会。三是对象的特定性，销售机会只适应特定的购买对象，谁吸引住了这一购买对象，谁就获得了销售机会。四是形成原因的多样性，市场行情千变万化，消费需求复杂多样，因此销售机会也是复杂多样的，机会稍纵即逝。推销人员要在复杂的市场条件和激烈竞争中，善于捕捉销售机会和信息，以提高销售工作的成效。

4. 避实就虚

在房地产市场激烈竞争的情况下，面对资金雄厚、实力强大的竞争对手，推销人员要注意分析对手的不足之处和虚弱环节，如促销措施不够灵活等。推销人员应采取灵活多样的推销策略争取用户，把生意做活，力争在市场上争得一席之地。

5. 了解顾客

购买私有住宅的消费者，一般可以分为无孩子的年轻夫妇、有孩子的家庭、与孩子分开居住的老年人等类型。推销人员要针对消费者的具体情况，采取帮助解决客户某些困难的办法来推动销售。如有的客户有购房动机，但缺乏资金，可帮助其向银行申请贷款；有的客户在购房时把孩子入托、就近上学看做重要条件，推销人员也可帮助联系解决。通过这些方法，来博得客户的好感，从而加速其购房决策与行为。另外，顾客购房的目的有使用、保值或增值等，推销人员在向顾客推销房子时，只有明确顾客购房的目的，才能做到有的放矢。若顾客买房是为改善当前居住条件，即自己使用，那么在介绍该楼盘时应更多强调该物业的质量、使用功能、特点、周边环境、配套设施、交通状况及物业管理等，从居住的方便性与环境优越性来推荐楼盘。若顾客置业是作为一种投资，即以保值、增值为目的，那么向顾客强调的重点应是房屋的质量、规划、周边环境的改善前景，着重分析该楼盘的升值潜力。

6. 出奇制胜

推销人员可以利用人们的猎奇心理，采取新奇的手段来扩大销售。市场环境在不断变化，推销方法也应不断创新，不可墨守成规，丧失推销机遇。

思考与练习

1. 简述房地产市场预测的一般方法。
2. 房地产价格的构成要素有哪些？
3. 房地产价格具体有哪几种定价方法？
4. 结合实例，阐述房地产的定价策略。
5. 房地产营销渠道可以分为几类？它们具有怎样的优点和缺点？
6. 简述房地产市场营销促销策略。

第八章 物业管理

本章学习目标：

在学习、了解和掌握物业管理相关知识的基础上，会运用本章的技能点，掌握本章的知识点。

技能点：

1. 物业的接管与验收；
2. 物业入住手续的办理；
3. 物业的装修与管理；
4. 物业的日常管理。

知识点：

1. 物业管理的概念；
2. 物业管理市场的含义与构成；
3. 物业管理市场的特点和作用；
4. 物业管理市场发展趋势。

掌握点：

1. 物业管理的内容；
2. 物业管理的程序。

第一节 物业管理的概念及内容

一、物业管理的概念

物业管理是一种专业行业，它综合运用多学科的知识，通过人员、场所、流程和技术的整合，来确保房屋建筑及其设备等的正常运行。

二、物业管理的内容

根据物业的类型和特点不同，可以将物业管理分为居住物业管理、公共物业管理和收益性物业管理。每一种类型的物业管理，又可以进一步划分为许多更专业化的领域。例如，在收益性物业管理中，就可以进一步分为写字楼物业管理、零售商业物业管理、工业及货仓物业管理、酒店物业管理等。物业类型不同，物业管理的侧重点和工作程序也有差异。对最为复杂的收益性物业管理而言，其工作内容主要包括以下几个方面：

(一) 制定管理计划

在接管一宗物业后，首先要制定一份管理计划并获委托方认可。该计划应详细说明物业管理所提供的服务内容以及所采用的方法。一般包括六个方面的内容：

1. 确立目标

物业所有者(业主)的目标是制定管理计划的基础。有时业主除了最大限度地获取利润以外，没有具体的目标。物业管理人员就要通过有关的调查、分析有关投资信息，来确定较为具体的目标。此外，业主授予物业管理者的权利范围也有很大差别，有些业主只对重大决策问题发表意见，但也有些业主可能希望对有关细节问题亦予过问。物业管理人员常常需要就业主提出的相互矛盾的目标作解释工作，如有业主同时提出了最小维护费用和最大增值两个不相容的目标。一旦物业管理公司接受了委托，就要在物业管理目标上与业主达成共识，并尽自己的可能来维护业主的利益。

2. 检查物业质量状况

检查物业质量状况是物业管理工作的重要内容，这种检查通常包括建筑物外部和内部墙体、基础和屋顶、建筑设备和装修等所有方面，还要针对租户经常指出的一些特殊问题进行检查。物业管理人员要根据质量状况检查的结果，确定实现业主提出的目标所需的时间、需要进行的修缮工作及其费用。

3. 形成租金方案和出租策略

出租实际上是出售一定期限的物业使用权，只有在业主和租户均满意的情况下租约才会得以维持，从这种意义上来讲，为物业出租而进行的努力是永无止境的。

租金方案十分重要。从理论上来说，租金的确定要以物业出租经营成本、税费和业主希望的投资回报率来确定，但市场经济条件下，物业租金水平的高低主要取决于同类型物业的市场供求关系。维护较好的旧有建筑，由于其建造成本和融资费用较低，往往限制了新建筑的租金水平，因此对旧有建筑而言，租金收入常常使回报率超出预期水平，且建造成本和融资费用上升越快，这种情况就越明显。

从总体上说，物业租金收益必须能抵偿所有投资成本，并能为投资者带来一个合理的投资回报。物业管理人员还必须了解市场，过高或过低的租金都有可能导致业主利益的损失，因为若某宗待出租物业确定的租金高于市场租金水平，则意味着物业的空置率会上升；而低于市场租金水平的租金，虽然可能使出租率达到100%，但可获得的总租金收入并不一定理想。

对于大型物业管理公司来说，一般较容易确定租金水平或方案，因为他们往往拥有大量类似物业出租的租金数据，使得物业管理人员很容易确定物业合适的市场租金水平。当然，为准确判断物业的市场租金水平，需要比较已出租的类似物业和待出租物业的差异，并对已知的租金进行相应的修正，进而求取待出租物业的市场租金水平。例如，对于出租写字楼，其租金水平可能会依下述情况的不同而不同：单元面积大小、楼层、朝向；大厦坐落地点；距商业中心区的距离；装修档次；建筑设备状况；所提供服务的内容；有效使用面积系数；康乐设施完备情况；物业维护措施。

租金方案还会受到出租策略的影响。仍然举出租写字楼的例子，租金水平受下列情况的影响：租期长短和承租面积的大小；租户的资信状况；为租户提供服务的水平；附属设施的收费水平；是否带家具。

这里所列的情况并不完全，它仅仅是为了说明出租策略的不同会带来物业租金水平的差异。

4. 提出预算（包括管理费）

预算是物业管理中经营计划的核心，预算中包括详细的预期收益估算、允许的空置率水平和经营费用，且这些数字构成了物业管理的量化目标。

预算是物业管理中财务控制和财务计划的重要工具。其控制特性表现在当收入低于预算或费用超过预算时就会引起物业管理人员的注意，而其计划特性则表现在当物业管理人员编制预算时能就未来一年的经营计划作出比较现实的安排。此外，检查上年度预算执行情况，也有助于物业管理人员发现问题，并在新年度预算中进行适当的调整。

预算还可以使业主较容易地对物业管理的财务情况进行检查。当业主发现物业经营收入和费用大大超过预计的水平时，通常会要求物业管理人员予以解释。物业管理人员则必须负责对实际执行结果背离预算的原因进行说明，并告之业主这种未预计到的情况的发展趋势。所以，一旦提出了一个预算，物业管理人员和业主之间的经济关系也就确立了，但在双方共同制定预算的过程中，物业管理人员要努力为业主提出更为完美并切合实际的目标。

5. 签订物业管理委托合同

业主与物业管理公司签订的委托合同必须明确物业管理人员的权利和义务，以免物业管理人员凡事都要请示业主。

一般的委托合同内容应该包括物业管理人员需定期向业主呈送的文件和报告、物业管理人员的主要工作、物业管理的责任和物业管理的费用。当然，物业的规模越大、租户的数量越多，物业管理所提供的服务内容就越多，则合同内容就要越详细。

6. 物业管理记录和控制

当委托合同签订后，物业管理人员必须及时收集整理有关数据，以便编制有关报告。例如，一份月财务报告就应包括上月结余、本月收入（包括租金、保证金和其他收入等）、本月支出（包括人员工资、维护费、修理费、水及能源使用费、税费、保险费、抵押贷款还本付息、管理费、宣传广告费、资本回收等）和月末结余。通过阅读月财务报告，业主和物业管理企业就会发现哪些费用超出了预算。

（二）加强市场宣传以提升物业的租金

为使物业达到一个较为理想的租金水平，物业管理人员还要进行市场宣传工作。这种宣传一般围绕着物业的特性来进行，如宣传物业所处的位置、周围景观、通达性和方便性等。一般很少通过强调租金低廉来吸引租户，因为对于某些物业如收益性物业、工业物业等来说，租金水平相对于物业的其他特性可能并不十分重要。所以一般认为，只要租金相对于其他竞争性物业来说相差不大，则物业的特性和质量是吸引租户的主要因素。通过对大量的承租人的调查表明，他们选择物业时所考虑的众多因素中，租金是否便宜只占第五或第六位。

物业管理人员选定了进行物业宣传的主题后，还要选择适当的宣传媒介。一般来说，对于中低档写字楼物业，选择报纸上的分类广告或物业顾问机构的期刊比较合适；对于大规模的收益性物业，还可选择电视、广播来进行宣传。

目前，流行的做法还包括物业管理人员带领有兴趣的潜在租户前往“看楼”，所以通常要将拟出租部分整理好以供参观。物业本身及物业管理人员的工作情况和服务效率给租户留下的第一印象也非常重要。

展示物业是一种艺术，它取决于物业管理人员对未来租户需求的了解程度，而未来租户的需求信息可通过与租户非正式的接触、问卷调查等形式来获取。租户是否租用物业，一般取决于其对目前和未来所提供空间的满足感和所需支付费用的承受能力。

（三）制定租金收取办法

制定租金收取办法的目的，是尽量减少由于迟付或拖欠租金而给业主带来的损失。物业管理人员应尽量体谅和考虑租户的特殊困难，并想办法为其解决这些困难，以达到按期足额收取租金的目的。租金收取办法要尽量考虑到租户的方便，在物业管理人员和租户间要建立起良好的信任关系，尤其是在经济不景气或租户的业务发生困难时，这种弹性策略尤为重要。当然，这并不排除必要时诉诸法律的可能。

在制定租金收取办法的过程中，物业管理人员通常对按时支付租金的租户实行一定额度的优惠，而不是对迟交者予以罚款。经验表明，激励比惩罚更为有效。此外，租金收取方式和时间的选择亦很重要，要根据租户的收入特点灵活选择收租方式，合理确定收租时间。此外，物业管理还提倡主动的收租服务，通过电话、信件甚至亲临访问来提醒租户按时交纳租金，并让租户了解租金收取的程序。对于租户主动交纳租金的行动，要表示感谢和鼓励。

（四）物业的维修养护

良好的物业维修养护管理不仅是租户要求的，也是物业本身和物业管理目的所要求的。物业维修行为常由租户对建筑物状况的抱怨引起，物业管理人员在抓紧维修的同时，还要对承租人的合作表示感谢，对建筑物缺陷可能给租户造成的不便表示歉意。这种及时应租户要求而进行的维修，不仅能树立物业管理企业的信誉，而且还有助于避免由于物业缺陷而导致的重大经济损失。

除应租户要求而进行的维修外，还要按时对物业进行定期的检查、维修与养护。每次检查维修都要根据建筑物各部位和其附属设备的情况有所侧重。检查结果要详细记录并及时报告给业主。

物业管理人员虽然被授权负责物业的维修，但必须以不超出维修预算为原则。对于建筑物内主要设备的更新工作如供热或空调系统的更新，物业管理人员必须征得业主的同意。此外，对租户就建筑物尤其是内部设备的使用提供指导，也是物业维修计划的重要内容，这样就可以使租户、物业管理人员以及业主共同承担物业维护的责任，并使各方的利益得到应有的保护。

（五）安全保卫

当前，物业管理人员越来越重视为物业及租户提供安全保卫服务。一方面，建筑物的毁损可能导致租户生命财产的损失；另一方面，社会犯罪活动亦会导致租户的利益受到伤害。

安全保卫方面的考虑，从建筑物的结构设计就开始了。政府的公共安全部门对建筑物设计过程中的保安措施尤其是防火设计都有明确的要求。物业管理人员通常还要对建筑物内容易造成人身伤害的部位作出明确标志，以提醒人们注意安全。为了防止犯罪活动，一般要设置大厦保安人员，锁上人们不经常使用的出入口的门，对经常使用的出入口派保安人员值班。保障租户人身和财产的安全，通常是业主的义务。物业管理人员应就物业的安全保卫计划向业主提供专业意见，并代表业主实施该计划。

（六）协调与业主和租户的关系

及时对话和沟通是建立业主、物业管理人员和租户三方之间良好关系的关键。作为专业人士的物业管理人员，必须设法建立三方沟通的渠道。通过物业管理人员这个中间媒介，使某方的希望、需要、抱怨能及时地让其他各方了解。业主与租户也可以建立起直接的联系渠道。

（七）组织与控制

从业主的角度来说，能否实现预期的物业管理目标，是物业管理工作有效与否的标志。业主如果能够定期地对物业进行视察，则物业维修计划、保安计划的实施情况就很容易识别。物业收入和费用支出的差异大小，也能体现物业管理组织与控制的有效性。此外，如果业主能不过问物业管理公司的具体工作，而又对物业管理人员能及时处理所遇到的问题抱有信心的话，那物业管理的组织与控制就是有效的。

第二节 物业管理市场

一、物业管理市场的含义与构成

（一）物业管理市场的含义

物业管理市场有广义和狭义之分。广义的物业管理市场是指所有物业管理经济活动关系的总和。凡是存在物业管理经济活动关系的地方，就存在着物业管理市场，因而它是个超时空的概念。狭义的物业管理市场是指物业管理服务交换的场所。

物业管理市场包括三层含义：

一是市场交换的商品是物业管理服务商品。这是一种特殊的商品，是一种即时消费即时消失的劳务商品，它依附于物业而存在，随物业消失而消失，正因这种特殊商品的存在才导致了物业管理市场的产生。

二是市场交换关系的主体是业主和物业管理公司。业主是物业的所有权人，为使物业保值、增值及更具适用性，业主需要高标准、专业化的物业管理服务，这种需求创造了供给，物业管理公司为业主提供这种服务并获得报酬。

三是价值规律和竞争规律是物业管理市场的基本规律。物业管理服务商品的交换是在供求双方讨价还价的基础上完成的。业主提出某种物业管理需求时，物业管理公司就此核算成本并报出价格。业主对此报价作效用评价并与物业管理公司还价。双方经过多次要约，与反要约，最终形成交易。物业管理公司之间的竞争对业主选择物业管理公司及价格的决定都有重要影响。物业市场的价格总是围绕着物业管理服务的价值上下波动。价格就像一只看不见的手，逐渐使物业管理市场资源实现合理配置。

（二）物业管理市场的构成

市场主体是指参与市场活动的各种实体，包括单位和个人。物业管理市场主体一般包括物业管理服务的供给与需求主体、管理主体以及媒介主体等。

1. 物业管理市场的供给与需求主体

物业管理市场的供给与需求主体，即物业管理服务的供方和需方，具体来说，包括物业管理公司和业主及非业主使用人两个方面。其中，物业管理公司是物业管理服务的供给方，而业主及非业主使用人是物业管理服务的需求方。

2. 物业管理市场的管理主体

物业管理市场的管理主体主要是指按照有关物业管理的法律法规和规则，对物业管理市场参与者的交易行为等进行管理的单位。

(1) 各级行政主管部门。建设部住宅与房地产业司负责规划、组织和推动全国物业管理工作的实施，包括拟订物业管理的法规及规章制度并监督执行，拟订物业管理的资质标准等。住宅与房地产业司下设物业管理处，分管与指导监督全国的物业管理工作，规范全国的物业管理市场秩序，推动物业管理市场的健康有序发展。

各级地方物业管理行政管理机构主要按照国家有关物业管理市场发展与规范的宏观指导精神，负责制定本辖区的有关物业管理法规、政策和实施细则，并贯彻执行，也包括指导和监督物业管理企业、业主大会和业主委员会的具体工作，实行行业归口管理。

(2) 市场管理职能部门。物业管理市场作为我国统一市场体系不可分割的一部分，当然也应纳入整个市场体系的管理范畴之内。市场管理职能部门主要有工商行政管理部门、公安、税务和物价等部门。工商行政管理部门主要负责物业管理市场的市场秩序管理。公安部门的主要职责是防范和打击物业管理市场的犯罪行为。税务部门主要是监督物业管理企业依法纳税，查处物业管理市场偷税漏税的活动。物价部门则主要负责制定物业管理服务价格和监督交易者执行价格政策等。

(3) 物业管理行业协会。物业管理行业协会属于民间性行业组织，是社会团体法人，不受部门、地区和所有制的限制，也不改变成员的企事业单位的隶属关系。它不以营利为目的，代表物业管理行业的共同利益，并为其服务。物业管理行业协会按照政府的产业政策和行政意图协助主管部门推动行业的管理和发展。物业管理协会根据政府主管部门的委托可以行使某些行业管理的职权。因此，可以把物业管理协会看做是物业管理企业与政府相关部门之间的纽带和桥梁，是政府主管部门的“助手”和“参谋”。

3. 物业管理市场的媒介主体

物业管理市场的媒介主体，主要是指物业管理的中介机构，包括物业管理的咨询、代理和经纪等机构，尤指专门负责物业管理市场上的招投标事宜的专业机构。物业管理公司对于如何在市场上投标，怎样参加投标成功机会更大可能并不十分熟悉，因此，委托专业机构代理物业管理公司的招投标等诸多事项，应是必然的选择。物业管理市场的媒介主体对物业管理行业的积极健康发展起着良好的推动作用。

4. 物业管理市场的其他主体

物业管理市场的其他主体，主要指房地产开发企业及和物业管理有一定联系的机构。

当前，房地产开发企业在物业管理市场中可充当几种角色，不同角色所起的作用和其地位是不同的。现实中，房地产开发企业可充当以下角色或若干种复合角色：单纯的物业开发建设者、单纯的物业业主或使用人、单纯的物业管理公司（开发公司所属）。

二、物业管理市场的特点

物业管理市场关系到社会各方的安居乐业，影响面很广，其特点是：

（一）具有双重职能的市场

物业管理市场集要素市场和消费市场于一体。自用的居住用房物业管理主要是消费市场，出租的居住用房和经营性用房的物业管理则属于要素市场，所以物业管理市场是一个具有双重职能的市场。

（二）对前级市场具有积极的激励作用

在整个房地产市场体系中，物业管理市场处于最后一级，物业管理市场的运作对前级市场有强烈的反弹和刺激作用，即物业管理市场的良好运作能带动房地产开发市场、营销市场的繁荣兴旺。

（三）劳务市场

物业管理市场的流通和交换的标的不是实物，而是提供商品性劳动服务，并且是房地产市场中吸收劳动力最多的市场。

（四）双向选择

物业管理市场的需求方，即开发商和业主可以选择物业管理企业，物业管理企业也有选择服务对象的权利。相互之间是一种平等互利的通过委托合同建立的市场型伙伴合作关系。所以，物业管理市场的关系和含义可以归纳为：

物业管理市场的供求关系是由供方物业管理企业向需方物业业主和使用人、承租人提供商品性劳动服务的市场关系，是双方按合同建立起来的平等的互助互利的交换关系。在物业管理市场运作过程中，物业管理企业采用经营性的手段对物业实施管理，向业主和使用人、承租人提供服务，从而取得报酬。

三、物业管理市场的作用

物业管理市场是房地产市场的组成部分，房地产市场的作用同时就是物业管理市场的作用。但是，物业管理市场由于其自身的特点和优势，又有其自身的作用。

（一）物业管理市场的发育有利于促进住房商品化和自有化的进展

中国房地产经济体制改革的方向是商品化、市场化和住房自有化并由此形成产权多元化和管理社会化的新格局。这种新格局当然要求有与之相适应的房屋管理新模式来代替传统的、行政性的管理模式。当前，公有房屋出售后购房者最大的担心就是公房出售后的管理维修问题，包括费用收支、权利责任、管理方式等。于是，物业管理收费和服务情况如何就成为购房者购房时首先考虑的问题。所以，物业管理市场的理性运作、物业管理服务质量的提高，能使购房者放心、安心，无后顾之忧。所以，物业管理市场的发育和成长具有深化和促进房屋商品化和住房制度改革的功能。

（二）物业管理市场的发育有利于提高房地产经营活动的效益

房地产经营活动的全过程由开发、营销和消费使用三个环节组成，房地产开发、营销的最后落脚点是消费和使用。物业管理市场作为房地产市场的最终环节，对前级市场具有强烈的反弹和刺激作用。物业管理天然地具有提高房地产经营效益、繁荣和完善房地产市场的功能。

（三）物业管理市场的良好运作有利于改善城镇居民的居住条件和生活质量

城镇居民生活水准和消费水准提高的第一标志就是居住环境的改善。物业管理从对住宅的管理来说，其目标首先是为居民营造一个方便、文明、整洁、安全的生活环境，但其水准和内容要随着社会进步而不断地拓展和提升。现代化的家居离不开高水平、规范化的物业管理。优质的物业管理不是单纯的事务性操办和技术性保养，而是要在此基础上为业主、使用人创造一种从物质到精神，具有浓郁的文化氛围，又有个性特征的宁静、安逸、优雅、舒适的生活方式。

规范化的物业管理与社区建设相结合，能把一个个物业区域塑造成具有"陶冶情操、净化心灵、提升精神"功能的微型社会。在这种情况下，既能充分发挥物业的基础功能，保障用户的合法权益，又能增强用户间的邻里意识，使之互相尊重，和睦相处。这种居住环境和社会关系有助于激励人们的群体意识，对沟通感情、增强理解、培育良好的社会心理，促进社会的安定团结起着积极的作用。

所以，物业管理市场的健康运作对城镇居民的居住水平和生活质量的改善具有积极的影响。

（四）物业管理市场的兴旺有利于城市面貌的更新和优化

现代城市管理主要包括：建筑物的管理、道路交通和信息管理、公共活动中心的管理和经济产业管理等。建筑物的容貌构成城市形象的主体。一个个物业小区是城市的单元细胞，小区的环境整洁、优美，城市的面貌也就焕然一新。现在，物业管理已逐步从对新区管理延伸到对建成区的管理。这样，物业管理就对城市面貌的更新和优化提供了全方位的支持。

当前国内的一些大、中城市都对外开放，都希望同国际接轨，建设一流的城市，以有利于引进外资、发展经济。物业管理作为一种不动产的现代化管理模式，不受地区、国家和社会制度的限制。外商进入中国大陆，一旦投资项目初成或业务有所开拓，往往就会考虑"安居乐业"，因而都十分关注如何为自己安排一个舒适高效的工作和居住环境。优质的物业管理不仅体现城市的优美形象，也是优化投资环境、吸引外商在华投资的基础工作。

（五）物业管理市场的繁荣能提供广泛的就业机遇

物业管理市场是提供商品劳务的市场，物业管理面广量大，能提供广泛的就业机遇。

首先，物业管理市场能为从事传统管理的房管部门和人员提供一个转换机制、吸纳人员的合适方向。公房事业性管理方式是计划经济体制下的产物。近年来，随着经济体制市场化和房地产开发经营的兴起，特别是土地批租和旧城旧房改造的迅猛态势，公房大量转化为私房。这使原来以公房经租为主的城镇房管部门作为住房福利制模式下的产物，在完成其历史使命的同时面临一个机制转换和人员安排的问题。物业管理市场就为两者的转换开辟了一个广阔的天地。

其次，物业管理市场和行业的发展能带动相关市场和行业的发展。物业管理市场和行业与装修业、家政服务业、园林绿化业、环境保护业等部门有密切联系。这些行业也能吸纳大量劳动力。

四、物业管理市场发展趋势

（一）规模化、集约化是物业管理发展的方向

物业管理作为服务行业，其发展与经济的增长、人们生活水平的提高有着密切的联系，这就决定了物业行业在相当长一段时间内仍属于微利行业，不可能有暴利，所以，要求物业企业必须规模化、集约化经营，这就决定了物业行业发展的方向。这是因为：

（1）规模化、集约化经营能为物业企业降低成本，充分利用有限的资源，获取更多的经济效益，使物业企业不断壮大；

（2）规模化、集约化经营能为物业企业积聚更多的专业人才，使英雄有用武之地，不致于人

才流失；

(3) 规模化、集约化经营能为物业企业积累更多的资金，使物业企业经济实力雄厚，增强市场竞争能力，增强企业抗风险能力。

(二) 物业管理企业建立现代企业制度，是适应市场经济和物业管理市场调整的需要

建立现代企业制度是我国企业尤其是国有企业所面临的重大体制改革的课题，也是国有企业必须经历的一场广泛而深刻的变革。由于我国物业管理企业绝大部分都是国有企业，也同样受到传统体制的影响，相当一部分物业管理企业还不适应市场经济的要求，经营机制不活，管理水平落后，服务意识不强，技术创新能力差，亏损经营或上级补贴经营普遍，甚至没有经济上的独立自主权和决策权，较严重地制约了企业走向市场和在市场上求生存、求发展的道路，也阻碍了物业管理市场的健康发展。

所以，物业管理企业建立现代企业制度势在必行。其主要途径有以下三个方面：一是建立真正的以资产为纽带的有限责任公司，明晰企业资产结构，明确各股东的责任、权利和义务，弱化上级对下级公司的指挥和支配权，强化物业管理企业在市场上的独立决策和运作的能力，使物业管理企业具备市场准入的基本条件。

二是积极发展多元投资主体的物业管理企业。物业管理行业属于第三产业中一般竞争性服务行业，除保留部分员工或管理者持股外，大部分国有资产都应逐渐从物业管理企业中退出去，采取股份制、合作制、内部员工持股、管理者持股、期权制等多种形式或成分进行重组，促进大型物业管理企业和物业管理集团的发展。放开搞活中、小物业管理企业，对一些规模小、管理质量差、经济效益不好的中、小企业，鼓励兼并、合并和购买重组；允许和规范破产，使物业管理市场结构更趋合理。

三是对房管所改制的企业要确保房管所改制成功，使其能够在步入物业管理市场化的轨道上生存和发展，就必须要在改制的基础上尽快建立现代企业制度。同时，鼓励目前正在进行房管所转制的单位，直接按现代企业制度进行转改制，使其提高适应物业管理市场快速发展的能力。

(三) 新技术革命和物业智能化将促进物业管理行业的新发展

1. 新技术革命和物业智能化步伐加快

物业管理是一个新兴行业，也是一个快速发展的行业。过去开发建设的物业，配套设施、设备的技术含量都不高，其管理维护的技术要求也不高。但是，随着新科技的迅速发展，现代物业建设中引入了很多科技含量很高的智能化设备，物业建设智能化已经是大势所趋。管理好这些复杂的设备，靠过去那种简单的管理维护技术显然是难以担当管理重任的。当前，高新科技发展日新月异，各类物业建设中的科技含量都在迅速上升，引入了大量高新科技的智能化物业已经出现。

2. 物业管理企业面临转型

面对挑战，物业管理企业必须重视对各类专业管理技术的掌握，从劳动密集型向技术密集型转变，不断更新、学习新的管理服务技术，以适应现代物业管理的技术要求，保证自己的管理实力始终与物业设备的科技进步同步。特别是当前互联网技术的迅速发展，为物业管理企业服务手段的革新提供了新的平台，网络化、智能化管理服务已经成为当前和今后一段时间内物业管理企业竞争制胜的关键筹码，今后还将成为物业管理企业的基本管理服务手段。面对现代化的物业，一个仍然停留在传统管理技术、管理手段的物业管理企业，不可能适应现代人和现代化物业的管

理服务要求。作为物业管理行业来说，关注这方面的科技进步和发展应用态势，对于及时提高管理技术以及促进整个行业的进步都十分重要。

（四）新世纪物业管理将向区域化方向发展

所谓区域化物业管理就是利用城市管理理论、系统论及可持续发展理论，对辖区物业实行综合管理。它是以市政社区规划为基础，以城市规模的生产、生活为规模，条块结合，组合成若干适度区域，使之成为能全面推行物业管理的小区。区域化物业管理同单一的物业管理有着许多不同的地方。任何单一物业都与其周边环境、公共市政、公用事业、配套设施有着必然的联系；从这个意义上说，单一物业管理是区域综合型物业管理的组成部分。前者是单一专业型，后者则是综合网络型，后者更贴近城市管理的核心，并具有社会职能和企业职能的双重性。如区域型物业管理企业必然会承担相当的社会责任，直接介入和参与政府组织的相关活动。区域化物业管理最大的特点是辖区集中成片，具有一定的规模，服务的内容和对象比较广泛，配套齐全，软件建设思路明晰。区域化物业管理的企业会根据区域（片区）物业管理的需要，科学、合理地对区域内辅助配套设施进行规划，最大限度地避免日后维修所造成的不必要的浪费，为后续管理打好基础。同时，区域化物业管理要求把区域内分散的物业集中起来进行集约化管理。但这并不等同于一个公司要搞区域垄断经营和管理，而是要实现整个区域的资源共享，优势互补，共同发展。现代化生产的重要特征之一是集约化，即资源的优化组合与专业化管理和规模化经营相结合，这在 21 世纪物业管理中将表现得更为突出。

（五）突现大物业概念

物业管理将不再局限于住宅物业，甚至不再局限于建筑物业，而是在更广泛的意义上进行诠释。

1. 地域结构

目前的物业管理区域已呈现出了这样的趋势，即从沿海向内地扩展，从中心发达城市向周边欠发达地区辐射；首先覆盖全国的大中城市，并随着我国社会的全面进步而最终覆盖全国所有城镇甚至乡村。最后一步也许要到本世纪末才能够实现。

2. 产权结构

将从多元化产权向单一产权过渡，最终形成多元产权结构和单一产权结构并存的局面。住宅区物业是典型的多元产权结构，而企业自建办公楼、宿舍区、矿山、林场则属单一产权结构类型。

3. 物业类型

现在物业管理的类型已从当初的单一住宅区物业扩展到工业区、商业区、写字楼、政府机关、医院、学校等。但仍有许多待开发的领域，如宾馆、酒店、娱乐场所、市政设施等。

4. 边缘行业

物业管理的核心虽然是管理物业，但应尽量地拓展空间，并藉此丰富物业管理的内涵。物业行业应与房地产业的租赁与销售、社区内的商品零售业与信息产业、金融保险业、旅游业、物流业、教育业等诸多行业充分交流，构筑合理的多链条式物业管理产业结构，以此使本产业能够产生最大的社会效益和经济效益。

（六）物业管理与房地产开发关系更加密切，物业管理工作将贯穿建设开发的各个环节

21 世纪，开发商与物业管理企业已不是简单的“开发、销售、管理”三段式关系中的两头。开发商在开发的同时也是物业管理者。物业管理企业与开发商的结合不但从商品房、写字楼、工业厂房向所有建筑、公共场所扩展，而且从规划设计、施工到销售、管理都有物业管理的积极介入。

物业建设单位在销售物业时，必须与购买物业者签订前期管理协议，明确前期物业管理的企业名称、物业管理范围、价格、标准、期限等较细致的内容，并及时签订“业主公约”。同时建立健全“物业管理”的实施与退出机制，在前期管理工作完成后，现有物业管理应退出。而业主可以保留已有的物业管理公司，提出新的管理要求，也可以选择新的物业管理公司为其服务。物业管理的“前期介入”概念，在今后将被不断深化，并越来越受到重视，直至成为行业性规范要求。物业管理的重要性和前瞻性正日益提高，物业管理与房地产开发的关系既互相独立，又密不可分。物业管理同房地产开发全过程的日益紧密联系，有助于将一些先进的管理理念植根于开发的全过程，有助于物业管理企业“品牌战略”的贯彻实施，有助于切实保障业主权益，便于物业管理整体工作的顺利实现；也为开发商从“业主”和“管理”角度考虑问题提供了新的思路。最终保证实现开发商、物业管理企业和消费者（业主）“三赢”的局面

第三节　物业管理程序

一、物业前期管理

（一）物业前期管理的概念

物业前期管理，是指物业管理企业在物业的开发设计阶段即介入，从事物业形成前的阶段性管理。物业前期管理工作虽然尚未形成对物业运行主体的管理，但是就其管理的内涵分析，它应属于物业管理的一个管理阶段。

（二）物业前期管理的必要性

随着我国物业管理行业的发展、壮大，已经有不少的物业管理企业开展了前期介入的工作，有更多的物业管理企业意识到前期介入是保证物业管理顺利起步与开展的重要条件，是实施物业管理的首要环节。实践证明，物业前期管理具有以下作用：

1. 有利于优化设计，完善设计细节

我国疆域广阔，地理环境与经济发展水平差距悬殊，这必然要对设计提出不同要求。比如在南方，高温时间较长，空调用电量特别大尤其是一些商业大厦，就必须考虑电路的负荷问题。而北方，就要考虑取暖。这些物业管理中的实际问题，一般设计人员很难完全预料、估计，而有经验的物业管理企业却十分清楚。因此，物业管理企业在项目设计阶段，从业主或使用人的角度，凭专业人士的经验对所管理物业的设计进行审视，对不当之处提出修改方案，可优化设计，完善设计中的细节，避免一些在后期工作中难以解决的问题。

2. 有利于提高房屋建造质量

由于物业管理企业在物业使用与管理方面拥有第一手资料，对于楼宇在长期使用过程中所暴露出的各种工程质量问题十分了解，通过参与物业施工建设阶段监理，强化了施工过程中的质量管理和监控，并尽可能把房屋质量隐患消灭在建造过程中，从而提高房屋的建造质量。

3. 有利于保证物业的使用功能

物业管理企业通过参与竣工验收和接管验收，按有关标准严格验收，能确保房屋和各类设备及附属配套设施正常的使用功能和使用安全。

4. 有利于加强对所管物业的全面了解

物业管理企业要想做好物业及其附属设施的维修养护工作，必须对土建结构、管线走向、设施建设、设备安装等情况了如指掌，对于图纸改动或增、减部分作出认真记录。例如，管线节点的设置往往和设计图纸所标位置有一定差距，如果布置管线时不在现场作记录，在后期管理中，可能就会出现脱节的现象。相对来说，物业管理人员对土建结构部分了解得不用太深，而对设备安装、管线布置等情况则应充分掌握，便于后期管理。因此，如果目前条件不允许过早介入的话，设备安装阶段应是较合适的介入点。由于加强了对所管物业的全面了解，就为竣工验收、接管验收打下了基础，可提高验收质量，缩短验收时间，对验收中发现的仍需改进之处，也比较清楚，容易交涉和协调。

5. 有利于后期管理工作的进行

物业管理企业通过前期介入，保证了设计、建造质量和对物业的全面了解，给后期的物业管理带来了很多便利，既便于维修保养计划的安排与实施，又能保证维修质量，从而提高了工作效率和工作质量。同时，在前期管理中，经过一段时间的磨合，便于理顺同环卫、水电、通信、治安、维修、绿化等各部门之间的关系，建立顺畅的服务渠道，有利于后期管理工作的进行。

6. 有利于树立物业管理企业的形象

如果接管与入住同步进行，物业管理企业即使再努力，也会被各项繁杂事务搞得焦头烂额，难以理出头绪，并且容易忙中出错，以致严重影响物业管理企业的专业形象。

（三）物业前期管理的内容

物业前期管理主要是协助开发商把好质量关，实现今后业主（购房者）在物业中生活感到舒适满意的目标。物业前期管理的内容如下：

1. 立项决策阶段

房地产开发企业在房地产开发项目立项以前进行市场调研和项目可行性研究评估时，物业管理人员在项目的市场定位、潜在业主的构成以及消费水平、周边物业管理概况及日后的物业管理内容、管理标准及成本、利润测算等方面提出参考建议。

2. 规划设计阶段

物业管理工作需要一定的地方和空间来开展，需要从管理的角度、从整体效益的角度来规划。目前，许多住宅小区在规划设计时没有考虑今后物业管理工作的开展，连一些基本公共设施都没有规划，只注意在有限的土地上建造更多的房屋，以致等小区建成以后，再考虑实行物业管理需要建立的公共设施，但已经没有地皮可建，对此业主意见很大。有的住宅小区，规划时不配套，甚至连中国老百姓最主要的交通工具——自行车车棚都未予以考虑，住户进住以后，自行车随便乱放，既不美观也不安全。所以，物业管理企业参与规划设计非常重要。它可以全面细致地反映物业管理得以顺利实施的各种需要，以及在以往管理实践中发现的规划设计上存在的种种问题或缺陷，并可把这些情况以咨询报告的形式提交设计单位，责成设计单位在设计中予以纠正。因此，规划设计时物业管理企业一般应注意配套设施的完善、水电气供应容量、安全保卫系统、垃圾处理方式、绿化布置、消防设施、建筑材料的选用和其他等方面的问题。

总之，规划设计阶段，物业管理企业选派工程技术人员参加工程规划设计的目的，是从有利于投资、综合开发、合理布局、安全使用和投入使用后长期物业管理的角度进行参谋，提出建议。

3. 施工建设阶段

物业管理企业在施工阶段的参与主要是确保工程施工质量。

物业管理企业不仅管理新建的楼宇,更管理着使用年限较长的物业。这样,它对楼宇使用过程中暴露出的各种质量问题有所了解。例如,卫生间、厨房等处的漏水问题及其成因,水电管线如何布置才有利于安全和便于管理,什么样的墙会渗水,供暖管道哪些部分容易炙伤人,等等。这些问题如有物业管理企业时常在现场指导和监督,就会在施工中予以彻底解决而不遗留下来成为日后使用和管理中难以克服的障碍。

一个项目在开发企业及施工单位交付使用后的几十、上百年的使用过程中,只有业主和物业管理企业来面对各种可能出现的问题。如果物业管理企业对该物业的内部结构、管线布置、甚至所用建材的性能知之甚少或不了解,那么就很难管理好,或无法管理。所以,物业管理企业有必要选派相应专业的人员参与施工质量监理,配合开发企业和施工部门共同确保工程施工质量。

4. 竣工验收阶段

竣工验收是全面考核建设工作、检查所建工程是否符合设计要求和工程质量好坏的重要环节。所有房地产开发项目都要按照 1990 年 9 月 11 日国家建设部颁发的《建设项目(工程)竣工验收办法》进行竣工验收。城镇住宅小区竣工综合验收,应按照 1993 年 12 月 1 日国家建设部颁发的《城镇住宅小区竣工综合验收管理办法》进行。竣工验收的主体是房地产开发企业和城市建设行政部门,其性质是政府行为,是物业进入市场的凭证。

(1)竣工验收应提交的资料。在工程项目竣工验收前,承建单位应将有关技术资料系统整理,分类立卷,在竣工验收时交开发单位归档保管,以适应生产、维修的需要。竣工验收时,所应提交的资料主要有:竣工工程项目一览表;设备清单;设备、材料证明;土建施工记录;设备安装调试记录;图纸会审记录;设计变更通知和技术核定单;工程项目竣工图;建(构)筑物的使用注意事项;其他重要技术决定和文件。

(2)完善竣工验收的必要措施。

① 反复验收。验收程序一般是:首先是开发、承建单位介绍情况,然后由专家们分专业下现场验收,之后重新聚集,分专业讲评、打分、定级,由开发、承建单位表态,最后在验收报告上会签,并对需要整改的项目提出处理意见。

讲评时应详细地做好记录,并作出验收纪要;对于存在的问题,应列出整改一览表,并定出整改期限。期限结束后,应对存在的问题进行再次验收,直至完全整改完毕为止,再发合格证。否则,很有可能使工程质量不合格或配套不完善的物业流入市场,给物业管理企业和业主(或使用人)带来管理或使用上的诸多麻烦。

② 意见及时。在讲评之前,验收部门应与物业管理企业合议一次。因为,物业管理企业通过较长时间的耳濡目染,或通过前期管理,对建设情况的内幕和存在的问题还是比较了解的,他们的意见很有参考价值。

物业管理企业在合议时,应及时提出意见。验收时不把问题暴露全面,事后再提整改意见,会大大增加解决问题的难度。

③ 验收全面。目前的验收,对室内的装修、水电设施关注得比较多,而对室外的公共部分关注得比较少。例如,管道的走向、各种管道井的位置是否与图纸一致,化粪池和排污井的规格是否规范,水电表的厂家、型号是否为推荐产品,停车场、道路是否符合要求;避雷系统是否可靠,等等。而这些是物业管理企业最关心的。因此,应引起重视,避免顾此失彼。

④ 科学验收。目前的验收，一般是凭眼力和经验，应增加一些测试仪器、仪表。该试压的就试压，该试流量的就试流量，该测负荷能力的就测负荷能力。尽量用科学的检测方法，对物业进行科学的验收。

二、物业接管验收

物业接管验收是指物业所有人将物业管理权委托给物业管理企业时，双方就物业的现状所进行的清点、检验、验收、记录和交接工作。物业接管验收是竣工验收的再验收，在完成接管验收后，整体物业连同设备就应移交物业管理企业。

（一）物业接管验收的作用

物业接管验收，是物业管理企业接管物业时不可缺少的重要环节。其作用主要体现在：

1. 明确交接双方责、权、利关系

在市场经济条件下，交接双方是两个独立的经济体，通过管验收，签署一系列文件，实现权利和义务的同时转移，从而在法律上界定清楚双方各自的义务和权利。

2. 确保物业具备正常的使用功能，充分维护业主的利益

通过物业管理企业的接管验收，能进一步促进开发企业或施工企业按标准设计和建设，减少日后管理中的麻烦和开支。同时，能够弥补业主专业知识的不足，从总体上把握整个物业的质量。

3. 为日后管理创造条件

通过接管验收，一方面确保工程质量达到了要求，减少了管理过程中的维修、养护工作量；另一方面，根据接管物业的有关文件资料，可以摸清物业的性能和特点，预期管理中可能遇到的问题，计划安排好各管理事项，发挥专业化、社会化、现代化的管理优势。

4. 提高物业的综合效益

接管验收可以提高物业的综合效益。例如，对居住区的接管验收，不是简单的房屋验收，而是居住区各组成部分的验收。通过综合验收，使小区的建设注重综合效益并使其得到不断的提高。

5. 促进建设项目及时投产，发挥投资效果，总结建设经验

接管验收工作既是建设项目进行投产、发挥效益的前提，也是其正常运营的保证。同时，接管验收实际上是一项清理总结的过程，既会发现建设过程中的问题，有利于及时纠正，也会获得一些好的经验，为以后的建设提供借鉴。

（二）接管验收的方式

由于接管验收与竣工验收的验收主体、性质和目的不同，决定了它们验收的方式不同。竣工验收需要由政府机构组织专家小组对工程的各个项目从结构、建筑、设施设备安装运行、消防安全等方面作具体、专业的验证，只以被验方提供的数据为参考，自行取样、测试、分析，然后得出独立的结果；而接管验收对于结构、桩基、建材标号等隐蔽性较强的项目只需要另一方提供竣工验收合格证明，不再作专项验收，重点对表面可见项目是否符合开发商要求、购销合同规定及通常使用用途作仔细验收。因此，接管验收的方法有观感验收法和使用验收法。

观感验收法是根据验收经验，站在业主的角度上，对物业的主体、门窗、水电、公共设施设备等表面可见项目进行验收。使用验收法是根据房屋的使用功能和建设部的《房屋接管验收标准》等标准，对物业进行验收。当然，也可以结合以上两种方法，站在便于以后管理、维修和业主使用习惯的角度对物业进行验收。

（三）接管验收的原则

接管验收是一个比较复杂的过程，不仅涉及建筑工程技术，而且牵涉到许多法规，常常会出现一些实际结果与理论要求不一致之处。为了处理好接管验收中的问题，把握好分寸，需要掌握如下两个基本原则：

1. 原则性与灵活性相结合

所谓原则性，就是实事求是，铁面无私。物业管理企业应把在验收中查出的各种问题作非常详细的记录，该返工的就要责成承建单位返工，属无法返工的问题就应索赔。返工没有达到要求，不予签字，直至达到要求。所谓灵活性，就是在不违背原则的前提下，具体问题具体分析。对于大规模物业，难免会出现一些不尽如人意之处，接管验收人员不必拘泥于成规，要针对不同情况分别采取措施。不能把接管验收双方置于对立状态，而应共同协商，力争合理地、圆满地解决接管验收中存在的问题。

2. 细致入微与整体把握相结合

工程质量问题对物业产生的不良影响是相当久远的，给物业管理带来的障碍是巨大的，所以，物业管理企业在进行工程验收时必须细致入微，任何一点疏忽都会给日后的物业管理带来难以预料的困难，也将严重损害业主的利益。整体上的把握是从更高层次上去验收，无论是什么类型的物业，其土地使用情况、市政公用设施、公共配套设施等综合性项目决定该物业的档次和发展潜力。对住宅小区，因为与千家万户的日常生活紧密相关，所以，一个舒适、优美、安静的环境是小区建设和管理的重要目标。写字楼则要重视能体现使用者的地位和身份，因此装饰、地段和一流的设施系统应是接管验收的重点。

（四）接管验收的内容

物业接管验收是件繁杂的工作，验收时应按标准和程序进行。其工作程序如图 8－1 所示。

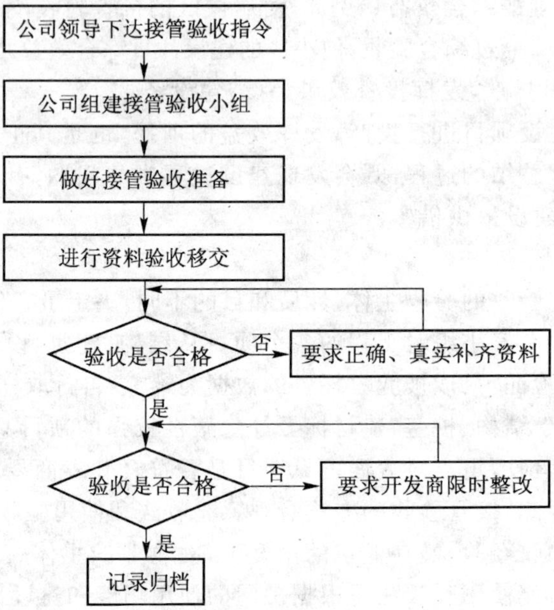

图 8－1　物业接管验收的工作程序

接管验收的主要内容包括验收的准备工作、资料的接管验收、硬件设施设备的接管验收、接管验收遗留问题的处理等。

1. 接管验收的准备工作

新建物业竣工验收后、业主入住前，物业管理企业应及时组建物业接管验收小组，对所接管的物业进行综合的接管验收，以确保所接管物业基本合格，满足业主的质量要求。

接管验收开始之前接管验收小组应做好以下准备工作：与开发商联系好交接事项、交接日期、进度、验收标准等；派出先头技术人员前往工地现场摸底，制定好接管验收计划；提前参与开发商申请的竣工验收和机电设备最终安装、调试工作，做到心里有数；准备好《房屋主体接管验收表》、《公共配套设施接管验收表》、《机电设备接管验收表》、《接管验收问题整改表》等接管验收记录表格。

2. 资料的接管验收

开发商委托物业管理时需要向物业管理企业移交相关资料。相关资料包括物业产权资料、综合竣工验收资料、施工设计资料、机电设备资料、业主资料等。

3. 硬件设施设备的接管验收

（1）楼宇主体硬件设施接管验收的主要内容有：主体结构、楼地面、内墙面、门窗、楼梯、水电设施和其他方面等是否符合标准。

（2）公共配套设施接管验收的主要内容包括：天台、避雷设施、路灯、绿化、道路、消防设施、垃圾中转站、安保设施、停车场、信报箱等的验收。

（3）机电设备的接管验收应检查电梯、变配电设备、中央空调、发电机、消防监控、保安监控等设备的型号、数量与移交清单是否相符，配件是否齐全，工作状态是否良好运转等。

4. 接管验收遗留问题的处理

（1）遗留问题的登记确认。对资料验收中发现的资料不全、不真实、不合格等问题，接管验收小组应当将问题逐项记录在《接管验收资料遗留问题登记表》中并交开发商相关人员签字确认；对物业硬件设施接管验收中发现的不合格等问题接管验收小组应当将问题逐项记录在《接管验收设备设施问题登记表》中并交开发商相关人员签字确认。

（2）对资料遗留问题，接管验收小组应当积极同开发商联系补齐，必要时公司领导应当协助进行。

（3）对物业硬件设备、设施遗留问题，一般问题接管验收小组应当要求开发商在两周内解决；重大问题接管验收小组应当要求开发商在一个月内解决。必要时公司领导应当协助进行。

（4）对于长期解决不了、势必会影响物业管理的问题，物业管理企业应当以备忘录的形式将问题登记后交给开发商进行备忘。

（5）《接管验收遗留资料登记表》和备忘录交物业管理企业行政部归档长期保存。

（五）接管验收应注意的问题

物业接管验收是直接关系到今后物业管理工作能否正常开展的重要环节，物业管理企业要高度重视，严格把关，特别要注意以下事项：

1. 接管的物业虽然经过竣工验收为合格工程，但并不意味着接管验收就没有问题

竣工验收是从大方面把握质量关，许多无关宏旨的小问题不在竣工验收质量的范围内。如墙壁污迹、划痕、地砖缺角、玻璃破裂、卫生间地漏排水不畅等，这些问题一般不影响竣工验收的

通过。但物业管理企业准备接管时，却要将类似这样的细小问题逐一列明，要建设单位承诺在一定期限内整改。这表明，在接管前物业有任何问题均应由开发商或承建单位负责解决。

2. 现实的接管验收少有整个物业同时移交

虽然规定物业要经过综合验收后方可交付使用，但未等综合验收就急于交付的情况时有发生。特别在设备方面，调试验收合格一项就移交一项，今天接管了电梯系统，几个月后又接管空调系统，至于消防系统的移交可能更迟。因此，物业管理企业必须坚持合格一项接管一项。未经调试合格验收的不能签字接管，不然就要背着责任走。

3. 接管验收一定要定明接管日期，以便划清责任界线

物业管理企业只对接管后的物业所产生的问题负责，如在保质期内，非人为因素的问题仍由开发商或施工单位负责。若由于开发商在施工验收合格后未能及时移交物业管理企业接管，使物业管理企业接管后的设备保质期缩短，物业管理企业应向开发商提出补回保质期的要求。

三、物业入住手续的办理

所谓“入住”就是业主领取钥匙，接房入住。当物业管理企业的接管验收工作完成以后，即物业具备了入住条件后，物业管理企业就应按程序进入物业入住手续的办理阶段。物业管理企业应及时将入住通知书、入住手续书、收楼须知、收费通知书一并寄给业主，以方便业主按时顺利地办好入住手续。

由于物业的入住阶段是物业管理企业与其服务对象业主接触的第一关，这一阶段除了大量的接待工作和繁琐的入住手续外，各种管理与被管理的矛盾也会在短时期内集中地暴露出来，因此，这一阶段通常也是物业管理问题最集中的阶段。所以，物业管理企业应充分利用这一机会，既做好物业管理的宣传、讲解工作，又要切实为业主着想办事，以树立起物业管理企业良好的“第一印象”，取得广大业主的信赖。

（一）入住通知书

入住通知书就是关于业主在规定时间办理入住事宜的通知。物业管理企业在制作入住通知书时应注意如下问题：

（1）一般情况下，一个物业辖区内入住的业主不是一家或几家，而是几百家甚至上千家，如果均集中在同一时间办理入住手续，必然会使手续办理产生诸多困难，因此在通知书上应注明各幢、各层分期分批办理入住手续的时间，以方便业主按规定时间前来办理。

（2）如业主因故不能按时前来办理入住手续，应在通知书上注明补办的办法。

下面是一份入住通知书以作示范：

入住通知书

女士/先生：

您好！我们热忱欢迎您入住××公寓！

您所认购的××公寓××区××栋××单元××室，经建设单位、施工单位及市有关部门的联合验收合格，现已交付使用准予入住。现将有关情况通知如下：

（1）请您按入住通知书、收楼须知等办理入住手续，办理地点在××楼 ××室。届时房地产开发公司地产部、财务部、物业管理公司等有关部门和单位将到现场集中办公。

（2）为了您在办理过程中能顺利而快捷地办好入住手续，请您按规定时间前来办理各项手

续。各楼各层次办理入住手续的时间表(略)。阁下如届时不能前来办理入住手续,请您及时与我公司联系,落实补办的办法。

联系电话:××××××××

特此通知

××房地产工发公司

××物业管理公司

××年××月××日

（二）入住手续书

入住手续书是关于办理入住手续的程序和安排,其目的是为了让业主明了入住手续办理的顺序,使整个过程井然有序。入住手续书应与入住通知书一并寄往业主或使用权人处,使业主或使用权人清晰、明了入住手续的办理程序和安排,以便做好准备工作。

入住手续示例:

入住手续书

女士/先生:

您认购的××区××栋××单元××室楼宇,现已具备入住条件交付使用。请仔细阅读收楼须知,按下列顺序办理入住手续:

(1) 在房地产公司财务部付清楼款,与销售部验楼,签署验楼文件。

盖章:　　　　　　　　　签字

(2) 在房地产公司地产部进行入住资格审查,审查合格出具证明。

盖章:　　　　　　　　　签字

(3) 在物业管理公司财务部交付各项入住费用,结清手续、出具证明。

盖章:　　　　　　　　　签字

(4) 在物业管理公司管理处签订物业管理公约,领取和查验钥匙,办理完毕,签具证明。

盖章:　　　　　　　　　签字

××房地产开发公司

××物业管理公司

××年××月××日

（三）收楼须知

收楼是业主或使用权人经对物业的验收、认可,并缴纳各项购楼余(欠)款、租金和管理费之后,接收楼房(单元、楼盘)的活动。它是物业出售和出租环节的结束和物业管理环节的正式开始。作为物业管理企业,应在收楼须知中载明业主或使用权人在办理入住手续过程中须注意的事项及应携带的各种有效证件、合同文书及款项等。

作为业主或使用权人,应仔细阅读收楼须知,遇有不明事项应及时向在场的工作人员询问。

收楼须知示例:

收 楼 须 知

欢迎阁下成为××公寓的新业主:

我公司愿为您提供良好的管理服务,现介绍有关收楼事项和程序,避免您在收楼时发生遗漏而引致不便。

(1) 业主在接到入住通知书起1个月内，到本公司办理产权登记和入住手续。逾期办理者每逾期一天应缴纳人民币××元；超过半年不办理登记手续的房产，由房产管理单位代管；超过3年不办理登记手续，视为无主房产，交由有关部门依法处理。

(2) 收楼时请认真查验室内设备、土建、装修等是否损坏或未尽妥善。如有投诉，请在收楼时书面告知管理处。管理处将代表业主利益就提出的投诉与开发商及施工单位进行交涉、协商解决。

(3) 根据本公寓的承建合同，保修期为1年，保修期间，如因工程质量所致故障，施工单位将为业主免费维修。如因业主使用不当，则由业主自行支付费用。

(4) 业主有权对自己的住宅进行装修和维修，但应保证绝对不影响楼宇结构和公共设施。装修、维修前，业主须向管理处提出书面申请，获准后方可进行，并按规定由装修、承修者向管理处缴纳一定的装修管理费。

(5) 办理各项入住手续的程序详见“入住手续书”。

××房地产开发公司
××物业管理公司
××年××月××日

(四) 业主、使用权人对物业的验收

1. 对物业的验收是业主、使用权人的权利

业主一旦置下物业，便具有受法律保护的种种权益。为了使自己的权益不受欺诈与损害，业主在入住前甚至在办理最后一笔购房款缴纳事宜之前，就有权要求房地产开发企业(销售部)或物业管理企业的人员带其到现场，查验所购物业的状况。这是业主的一项基本权利，也是业主或使用权人进入物业前的一项程序。这个程序对业主是不可少的。有了这个程序，便可在很大程度上减少甚至避免业主的权益受到损害。

通过现场查验，业主可直接了解所购置的物业的状况，发现问题或瑕疵，请销售人员或有关人员当场作出解释或说明，不能得到清楚和满意答复的，业主可拒绝在后面的手续和文件上签字及其余款项的交付。要求开发商或施工单位根据购房合同及施工图纸规定的技术指标，重新进行局部返修，直至达到图纸、合同的要求为止。因此，有经验的业主在感到自己对物业的状况和技术指标把握不准时，往往请一些房地产或建筑、装饰方面的专业人员来一道查验，帮自己把关。

而作为物业管理企业，在接待业主现场查验物业时，要仔细地向业主介绍物业的全部情况，回答业主提出的问题。对不能说清或即刻答复的问题做好记录，请相关业务人员对业主进行答复。对物业确实存在问题的，要及时向开发商及施工单位反馈，并组织必要的返修直至业主满意。

2. 业主、使用权人对物业进行验收的参照系

(1) 对比图纸和技术规范进行验收。如图纸标明的使用面积、墙体厚度、建筑材料；室内净高、内部格局、门窗尺寸及材料；各种管线的分布、走向；各设备、设施的落位情况；各面积、结构及设备设施的几何误差等。通常上述内容有较强的专业色彩，业主如不清楚图纸的情况，可请有关专业人员帮自己把关。

(2) 对比销售(承租)合同及物业管理合同进行验收。如物业坐落的位置(要有相对固定的

坐标，不能用 10 分钟车程等含混概念）；物业开发、出售（出租）的手续即“五证”是否俱全；物业的面积（房屋面积与分摊面积，分摊面积是否符合建设部统一规定）及误差（小于合同面积的误差应控制在一定的范围内，否则是对业主经济权益的侵犯；大于合同面积的误差在一定范围内业主不需再缴房款，而应由开发商承担；超过合同面积一定范围，则开发商有“强卖”之嫌，业主有权拒付或双方协商按较低的价格水准补齐差价）；此外，还包括物业的结构与内部分隔，物业设备设施的产地、规格（型号）、档次；装修的用料与施工等。

四、物业的装修与管理

业主在收楼后有权对自己所购物业进行装修，但装修必须在规定范围内进行。其有关规定包括：国家建设部发布的《建筑装饰装修管理规定》及物业管理企业制定的《住户装修管理规定》。根据上述规定，业主在装修前必须向物业管理企业进行申请登记，包括填写业主装修申请表、领取《装修管理规定》，根据约定在申请表上签字，缴纳装修管理押金及保证金，经批准后方可动工。业主在装修完成以后，物业管理企业应组织验收，合格后即退还装修押金及保证金。

（一）业主装修申请表

业主在装修前向物业管理企业申请登记时，需如实填写业主装修申请表，业主、施工队及物业管理企业三方应在申请表上签字盖章。业主装修申请表的格式如表 8－1 所示。

表 8－1　装修申请表（研发楼）

________园区______路____号____单元　　NO.

<table>
<tr><td>入园企业名称</td><td></td><td>联系电话</td><td colspan="3"></td></tr>
<tr><td>装修单位</td><td></td><td>执照号码</td><td colspan="3"></td></tr>
<tr><td>施工负责人</td><td></td><td>联系电话</td><td></td><td>施工人数</td><td></td></tr>
<tr><td rowspan="2">施工日期</td><td>开工日期：</td><td rowspan="2" colspan="2">施工最大用电量</td><td rowspan="2" colspan="2"></td></tr>
<tr><td>竣工日期：</td></tr>
<tr><td>装修内容</td><td colspan="5"></td></tr>
<tr><td>改动内容</td><td colspan="5"></td></tr>
<tr><td>初审意见</td><td colspan="5">管理公司（盖章）　审核人（签名）：______　　______年___月___日</td></tr>
<tr><td>审核意见</td><td colspan="5">管理处（盖章）　审核人（签名）：______　　______年___月___日</td></tr>
<tr><td>保证事项</td><td colspan="5">保证按上述装修内容进行装修，并严格遵守有关房屋装修的法规准则，如有违反，愿意按有关规定接受处罚。装修后若出现漏水、渗水现象，保证负责处理。
业主（签名）：______　　______年___月___日</td></tr>
<tr><td colspan="6">说明：① 申报装修单位须依照表格填写清楚，并附上装修项目表和装修方案图。
② 装修中对土建、电路、供水、空调出入口进行更改必须在装修方案中详细注明，消防、监控、室内配电箱等不得更改位移。
③ 经审核批准后，办理好施工人员出入证后方可进行施工。
④ 空调系统应符合园区要求。
⑤ 本方案审批结果若与消防审批结果不一致，应以消防审批结果为准。</td></tr>
</table>

（二）装修管理规定

根据政府有关法规，为加强物业辖区管理，保证物业的完好和安全，保持物业辖区的整洁和美观，维护全体业主的合法权益，一般物业管理企业均对装修制定如下规定：

1. 报批程序

(1) 业主应提前5天向物业辖区管理处申报。

(2) 详细、如实地填写《装修申请表》。

(3) 经管理处审核同意后方可进行装修施工。

(4) 装修施工队应到管理处签订《装修工程队治安责任书》及《装修施工保证书》。

2. 装修管理要求

(1) 不得拆改原房屋的墙、柱、梁、楼板等主体结构部件。

(2) 不得凿穿地面和房顶的水泥层。

(3) 不得封闭前阳台，不得改动外门窗，保持房屋外观的美观、统一。

(4) 装修垃圾必须及时清运，倾倒到指定的地点。严禁向窗外、阳台外、楼梯、过道台等公共场所抛撒堆放。

(5) 严禁将垃圾倒入下水管道内或将生活污水由雨水管道排出。

(6) 按照管理处的要求，空调器安装在指定的位置，以保持外观统一，空调出水必须接回阳台内或室内。

(7) 装修施工应安排在上午7:00—12:00，下午14:00—20:00时间内进行，以免影响他人休息。

(8) 高层住户装修不得使用载人电梯装运建材、木料、工具等物品。

(9) 需封闭后阳台的，须申报管理处同意方能施工。

(10) 施工队人员应到管理处办理临时出入证，将临时出入证佩戴在前胸，并在指定的区域内活动。

(11) 未经管理处同意，不得随意改动水、电管线走向。

(12) 底层住户装修，不得在前阳台违章搭建。

(13) 临平台的阳台、窗户不能改装门。

3. 押金及保证金

(1) 业主装修前须向管理处交付一定的装修保证金。

(2) 装修施工队在办理临时出入证时，须向管理处交付一定的押金。

(3) 装修施工结束后，由管理处派人对装修工程进行检查，如无违反本规定及物业辖区其他管理规定之行为，没有对他人财产和公共场地、设施、设备等造成损害的，管理处将如数退还押金和保证金。

4. 违规责任

(1) 在装修施工中有违反上述规定之行为的，管理处有权视情节严重程度给予扣罚部分乃至全部押金和保证金的处罚。

(2) 装修施工中有意或无意损坏公共设施、设备和给他人财产、物品造成损害的，必须照价赔偿。

(3) 因装修施工造成管道堵塞、漏水、停电、坠落等造成公共设施和他人利益损失的，装修户应负责修复(或承担修复费用),并视情况给予受损害者必要的赔偿。

(4) 因装修施工造成外墙破坏、污染的,由装修户负责修补。

5. 管理权限

(1) 住户装修管理由所属物业辖区管理处全权负责。

(2) 住户要求改动房内水、电管线走向的,须经物业管理企业工程部经理同意方能进行施工。

(3) 因特殊情况需在户内隔墙上开窗和开洞的,需经物业管理企业工程部经理批准。

(4) 任何人均无权批准超过本规定之装修行为。

(5) 如施工队违反本规定后,不听从物业管理企业的劝阻和安排,物业管理企业有权责令其停止装修行为。

五、物业的日常管理

物业的日常管理是指用户入住后,物业管理企业在实施物业管理中所做的各项工作。这是物业管理企业最经常、最持久、最基本的工作内容,主要包括房屋维修管理、保安管理、消防管理、车辆交通管理、区域清洁管理和综合经营管理六个方面。

(一) 房屋维修管理

房屋维修管理主要包括房屋维修计划管理、房屋维修技术管理、房屋维修质量管理、房屋维修施工管理和房屋维修资金管理五个方面。

(二) 保安管理

保安管理是指为维护物业管理区域内公共秩序而进行的防范性巡视、值班。保安人员需提供标准的保安服务,防范辖区内出现行窃、故意破坏财产及人身侵害等行为,维持公共秩序。

加强保安管理的主要措施有六点:第一,建立健全物业治安管理组织机构。第二,制定和完善各项治安保卫管理制度。第三,加强保安员的培训与安全保障管理。第四,完善区域内的安全防范设施。第五,联系区内群众、搞好群防群治。第六,与周边单位建立联防联保制度,并与当地公安机关建立良好的工作关系。

(三) 消防管理

我国消防工作的方针是"预防为主,防消结合",要求消防工作在指导思想上要把预防火灾放在首位。消防工作应包括灭火和防火两个方面。灭火是在起火后采取措施进行扑救,防火是把工作做到前面,防患于未然。

物业管理企业消防处管理人员要广泛地开展防火宣传教育,树立消防安全意识,动员和组织职工与区内群众积极地同火灾作斗争。建立高素质的专群结合的消防队伍,制定完善的消防管理规章制度,搞好消防设备的管理。

(四) 车辆交通管理

车辆交通管理主要包括车辆管理、道路管理和交通管理三项内容。

1. 车辆管理

首先需要建设相应的停车场(库),同时建立健全车辆管理制度,并严格执行以保证车辆管理的良好效果。

2. 道路管理

道路由动态交通设施、静态交通设施和道路交通附属设施三部分组成。道路设施管理的主要任务是制定物业区域道路设施的管理办法，负责道路的养护维修和设施的日常管理，对非法占用道路的行为进行纠正和处罚。

3. 交通管理

交通管理的任务是正确处理人、车、路的关系，保证居住区内交通的安全、畅通，重点做好机动车管理。

（五）区域清洁管理

清洁性工作要实行“五定”，即“定人、定点、定时、定任务、定质量”，对物业区域范围内的任何一个地方都应有专人负责清洁卫生，每个保洁员都要明确自己负责清扫保洁的范围、时间、任务和质量要求。不同类型、档次的物业对楼宇内公共部位清洁卫生的质量要求不同，物业管理企业要根据自己所管物业的特点和实际情况制定相应的清洁卫生要求。垃圾的清除必须及时，做到当日垃圾当日清除，并建立合理的分类系统。

清洁管理工作的具体措施包括：第一，制定管理制度。管理制度是搞好清洁管理工作的保证。管理制度包括清洁员的岗位责任制、劳动纪律要求、奖惩条例、清洁卫生检查制度及清洁机具使用操作和保养细则等。第二，搞好卫生设施建设。搞好清洁工作，除应具备日常的清洁机械、工具、物料等外，还应有相应的清洁设施。第三，搞好清洁宣传工作。保洁部在做好清洁工作的同时，要做好清洁宣传工作，注意把提高人的清洁卫生意识、纠正不良习惯与清洁管理工作相结合，使住户也自觉地参与到清洁工作中。同时，广泛征求住户的意见，只有在双方共同努力下，才能创造出优美、洁净的物业环境。

（六）综合经营管理

物业管理企业开展综合经营服务必须具备一定的条件，这些条件主要是两个方面：一是“硬件”，如资金、场所与经营人才；二是“软件”，主要是经营内容或项目。前者决定经营什么，后者决定怎样经营。

物业综合经营管理中应该注意的事项有：第一，物业综合经营服务必须服从和服务于物业管理公共服务，不能影响和冲淡正常的公共服务。第二，注意协调同地方政府及有关部门的关系。第三，尽量避免环境污染。第四，开展综合经营服务必须确保经营服务的质量。第五，借用社会力量，建立综合服务网络。

思考与练习

1. 什么是物业管理？
2. 物业管理市场有何特点？
3. 如何进行物业的接管验收？
4. 物业入住手续如何办理？
5. 物业的装修与管理有何注意事项？
6. 如何进行物业的日常管理？

参考文献

[1] 谭术魁.房地产开发与经营.上海:复旦大学出版社,2007.

[2] 瞿富强.房地产开发与经营.北京:化学工业出版社,2007.

[3] 张亚.房地产开发与营销.重庆:重庆大学出版社,2005.

[4] 孔凡文,张沈生.房地产开发与管理.大连:大连理工大学出版社,2006.

[5] 刘学应.房地产开发与经营.北京:机械工业出版社,2007.

[6] 吕萍.房地产开发与经营.中国人民大学出版社,2002.

[7] 张青林.项目法施工指导(下册).北京:中国建筑工业出版社,1997.

[8] 朱宏亮.项目进度管理.北京:清华大学出版社,2001.

[9] 徐蓉,王旭峰,杨勤.土木工程施工项目成本管理与实例.济南:山东科学技术出版社,2004.

[10] 陈鹏志.现代物业管理范例精解与运营策略(上卷).延边:延边人民出版社,2000.

[11] 赵秀池,谭善勇.住宅小区与大型商厦物业管理.北京:经济科学出版社,2003.

[12] 张作祥.物业管理实务.北京:清华大学出版社,2006.

[13] 现代化物业运营全书编写组编.现代化物业运营全书(上、下卷)北京:中国建材工业出版社,1998.

[14] 鲁朝辉.园林企业管理.北京:中国农业出版社,2006.

[15] 中国房地产估价师与房地产经纪人学会.房地产开发经营与管理.北京:中国建筑工业出版社,2008.